DIE SCHÖNSTEN REISE-ROUTEN IN

Kanada

Der Traum von Freiheit und Abenteuer – auf Kanadas endlosen Highways wird er Wirklichkeit. Noch heute ist das Land der Trapper und Indianer ein Wunschziel für zivilisationsmüde Globetrotter, die auf der Suche nach dem »Mythos Kanada« eine wilde, ursprüngliche Natur erleben und sich in der grandiosen Weite dieses riesigen Landes verlieren wollen.

Fahrt durch den Herbstwald auf Manitoulin Island.

In seiner Lage kaum zu überbieten: Das »Prince of Wales Hotel« im Waterton Lakes National Park.

DIE SCHÖNSTEN REISE-ROUTEN IN

Kanada

Fotos: Oliver Bolch

Text: Nicola Förg, Andreas Srenk

BRUCKMANN

Inhaltsverzeichnis

Die Routen

Route 6 Von Edmonton durch den hohen Norden

Ungezähmte Flüsse, karge Tundra und riesige Wälder: Die unberührte Natur und die fast unvorstellbaren Dimensionen der menschenleeren Northwest Territories üben auf Outdoor-Fans eine besondere Faszination aus.

Route 8 Von Victoria nach Dawson City

Wo einsame Highways in den kaum erschlossenen Norden führen, beginnt für zivilisationsmüde Globetrotter erst das »wahre« Kanada. Eine Fahrt auf den Spuren der Goldgräber verheißt Abenteuer und Wildnis pur.

Route 7 Von Calgary nach Vancouver

Weites Farmland, majestätische Gipfel, glitzernde Seen und mächtige Gletscher: Auf der Tour durch die grandiose Bergwelt der Rocky Mountains zeigt sich die kanadische Natur von ihrer schönsten und wildesten Seite.

Route 5 Durch Manitoba und Saskatchewan

Über die Prärieprovinzen spannt sich ein endlos hoher Himmel. Wo einst die Büffel grasten, wogen heute goldgelbe Weizenfelder, und überall finden sich Erinnerungen an eine bewegte Vergangenheit.

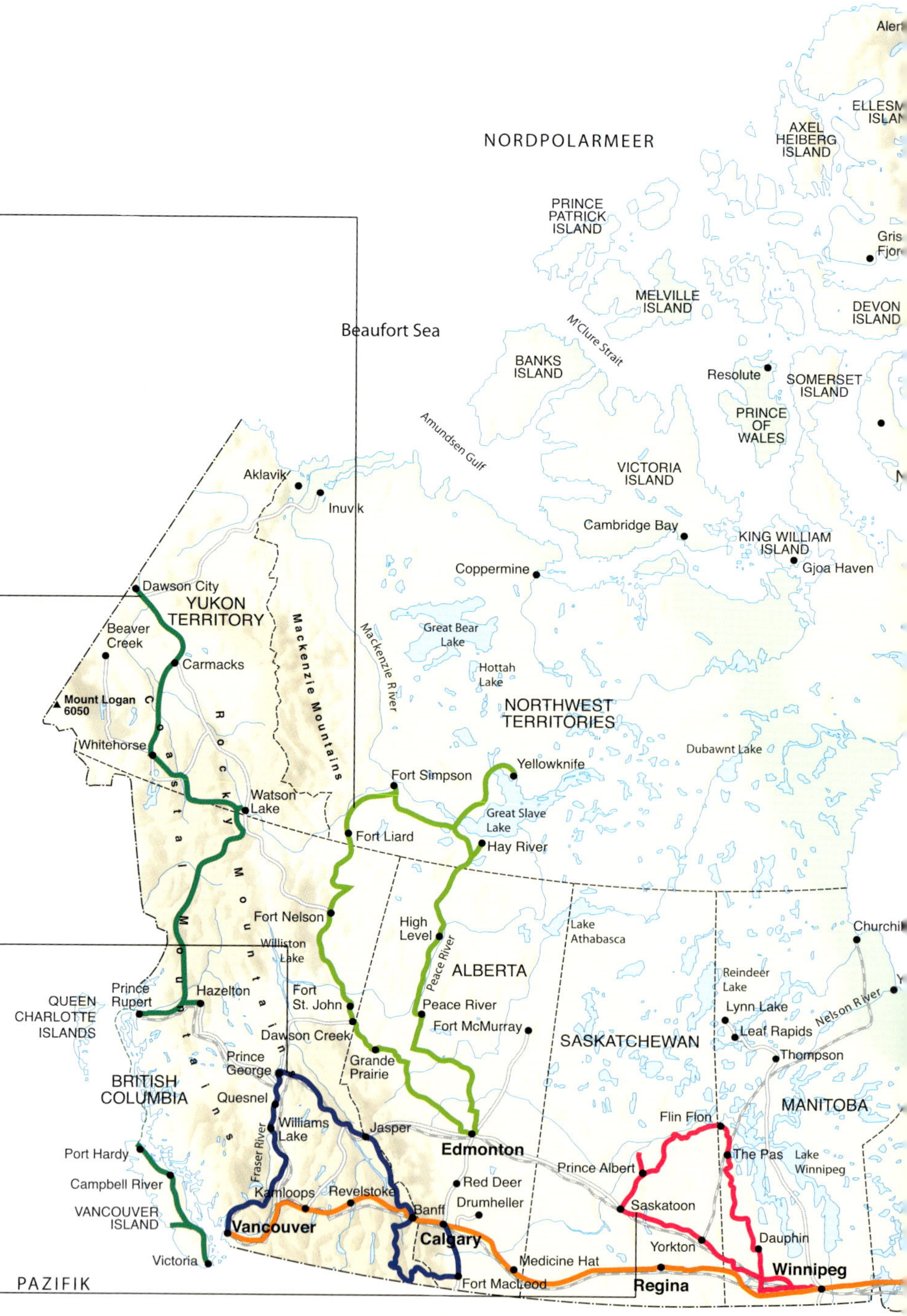

Route **3** **Von Ottawa nach Québec City**
Berühmte Museen, bedeutende Kirchen, vorzügliche Restaurants, aber auch einsame Wälder und stille Seen: Kulturgenuss und Naturerlebnis lassen sich bei einer Reise durch die Provinz Québec aufs Beste miteinander verbinden.

Route **2** **Von Québec City nach Halifax**
Lachs, Hummer und Muscheln: Auf einer Fahrt entlang der Küsten von New Brunswick und Nova Scotia geraten Gourmets mit Sicherheit ins Schwärmen. Und in spektakulären Nationalparks kommen Wanderer und Wassersportler voll und ganz auf ihre Kosten.

Route **1** **Von St. John's nach Halifax**
An sturmumtosten Felsküsten führen herrliche Panoramastraßen in verschwiegene Fischerdörfer und zu bedeutenden historischen Stätten: Schottische, irische und bretonische Siedler haben den Ostprovinzen Kanadas ihren unverwechselbaren Stempel aufgedrückt.

Route **4** **Von Toronto nach Vancouver**
Auf schnurgeraden Highways durch schier unermessliche Weiten: Wer sich einen unvergesslichen Eindruck von der landschaftlichen und kulturellen Vielfalt Kanadas verschaffen möchte, sollte das zweitgrößte Land der Erde einmal von Ost nach West durchquert haben.

An einer Tankstelle in Kamloops, einem der wichtigsten Verkehrsknotenpunkte im Innern von British Columbia.

HUSKY
Food Store
Mobil Lubricants
Cardlock
$ 1.59
SPECIAL
2 LITRE COKE
PRODUCTS
1.59 +TAX DEP
55.9
65.9
DIESEL 51.9

Große Vielfalt, weites Land

Eine der wenigen asphaltierten Straßen, die durch die spärlich besiedelten Northwest Territories führen, ist der 1500 Kilometer lange Makkenzie Highway von Edmonton nach Yellowknife.
Etwa 400 000 Indianer leben heute noch in Kanada. Einmal im Jahr veranstalten die verschiedenen Stämme ein Pow Wow, ein Treffen, bei dem die Teilnehmer wieder die alten Gewänder anlegen.

»Why I hate Canadians« heißt ein höchst amüsantes Werk des kanadischen (!) Literaten Will Ferguson – und die Welt staunt: Kanadier hassen ist doch beinahe so, als ob man Lassie hassen würde oder Clarence, den schielenden Löwen aus der Fernsehserie »Daktari«! Fergusons Buch ist eine ironische und augenzwinkernde Auseinandersetzung mit der kanadischen Identität. Denn wenn die Kanadier überhaupt ein Image-Problem haben, dann ist es das, immer und überall als »nett« apostrophiert zu werden. Außerdem wird ihnen attestiert, ein Englisch ohne Akzent zu sprechen, das tatsächlich jeder versteht. Fast schon ein bisschen langweilig ... Nein, eine Nation dramatischer Gesten mit Böse-Buben-Image sind sie nicht, die Kanadier. Außerdem, so lassen Spötter verlauten, sei ein Land, das nicht einmal den Ursprung seines Namens kennt, schlicht nicht ernst zu nehmen. Einer der wahrscheinlichsten Erklärungen zufolge soll der französische Seefahrer Jacques Cartier, als er 1535 am Ufer des St.-Lorenz-Stroms unweit des heutigen Québec City an Land ging, auf die Frage nach dem Namen ihres Gebietes von den Huron-Irokesen »Kanata«, Hütten, als Antwort erhalten haben.
Eine bizarrere Erklärung stammt aus dem Jahr 1811, einer Zeit, zu der es den französischsprachigen Siedlern verboten war, mehr als eine Kanne Bier pro Tag zu trinken. Die englischsprachigen Nachbarn mit ihrem schwarzen Humor witzelten gern über diese »A can a day«. Nun ja – die Engländer hätten genuschelt, daraus sei der Name entstanden, sagen die Kanadier fast entschuldigend.

Sanft und zugleich wild. Man kann diese Nation nur ins Herz schließen, und gerade das macht sie als Reiseland so sympthisch! Kanada – das sind Großstädte, in denen man nachts so sicher ist wie in Abrahams Schoß und beinahe vom Fußboden essen kann. Hier trifft man fast nur auf Menschen, die auch in der Rush-hour noch milde lächeln, wenn sich Fremde unentwegt auf der falschen Fahrspur einordnen. Die Verkäuferin im Supermarkt hat mitten im Chaos noch ein Lächeln für den Touristen, dessen Kreditkarte auch beim siebten Anlauf nicht funktioniert. Nicht umsonst setzte ein bekanntes deutsches Reisemagazin die Nation unterm Ahornblatt unlängst auf Platz zwei der beliebtesten Reiseziele, unter dem Aspekt Sicherheit sogar auf Platz eins!

Andererseits aber ist Kanada ein Land, das dem Besucher aus der »AltenWelt« schnell klarmacht, wie wenig die meisten Europäer – an Autobahnkreuze und zivilisierte Kulturlandschaften gewohnt – mit echter Wildnis umgehen können. So viel freie und ungebändigte Natur kann für ängstliche »Tot-Inas«, wie weiße Touristen im Dialekt der Chipewyan-Indianer heißen, in ihren Zelten und Campern beklemmend werden: In der Dämmerung erwachen Flusslandschaften und Wälder zum Leben, und in das unablässige Sirren der Mücken mischen sich die durchdringenden Schreie der wilden Tiere. Wer nur einmal einem Schwarzbären gezwungenermaßen tief in die Augen geblickt hat, weiß, dass auch ein leicht zu bereisendes Land wie Kanada mehr als genug an »exotischen« Erlebnissen zu bieten hat.

Das Lebensgefühl jenes markigen Mannes aus der Zigarettenreklame, der durch eine grandiose Landschaft reitet und dann bei Sonnenuntergang am Lagerfeuer unter freiem Himmel »baked beans« aus der gusseisernen Allzweckpfanne löffelt, lässt sich problemlos nachempfinden: Statt zu Pferd mit dem Auto oder Camper in einem der grandiosen Nationalparks das Nachtlager aufgeschlagen, Feuer entzündet, die Grillwürstchen verkohlt, die Stiefel angeschmolzen ... Das Leben in der Wildnis hat durchaus seine Tücken, und doch gibt es nichts Schöneres!

Das wissen auch die Bewohner des Landes, wenn sie am Wochenende zum Kanufahren oder Wandern aufbrechen. Mehr als die Hälfte der rund 30 Millionen Einwohner Kanadas drängt sich an dem schmalen Landstreifen entlang der Grenze zu den Vereinigten Staaten, einige Millionen sind in den großen und modernen Städten wie Toronto, Québec City, Montréal, Ottawa und Vancouver zu Hause.

Big Cities. Kanadas Städte sind Unikate, jede für sich eine Reise wert, wenn auch Vancouver, die »Schöne am Pazifik«, eindeutig die Hitliste anführt. Kein Wunder bei der fast mediterranen Atmosphäre mit Stränden, Yachthafen und Straßencafés! Vom benachbarten Seattle schwappte die »Coffee-Mania« herüber, und die »trendy people« in den Lokalen entlang der Robson Street oder auf Granville Island zelebrieren seither Kaffee-Kennerschaft und nippen vorzugsweise an Espresso, Cappuccino und Co. Vancouver besitzt Flaniermeilen, aber auch ein alpines Skiresort im Stadtgebiet und einen Park, der jedem Urwald in nichts nachsteht.

Calgary dagegen ist eine Stadt klarer Linien, eine moderne Metropole, deren Bewohner als besonders herzlich und unkompliziert gelten, und Edmonton eine multikulturelle Stadt, die sich immer schon als letzter Außenposten der Zivilisation im hohen Norden verstanden hat. Winnipeg in Manitoba pflegt das Understatement und schmuggelt sich mit einem hervorragenden Kulturangebot und einer qualitätvollen gastronomischen Szene in die Herzen der Kanadier. Mit Ottawa dagegen können sich einige immer noch nicht recht anfreunden. Das soll eine Hauptstadt sein? Jeder Kanadier kennt den provokanten Spruch, mit dem ein Journalist, nachdem der Ort überraschend zur Landeshauptstadt auserkoren worden war, seiner Empörung Luft machte: »Ottawa ist ein subarktisches Holzfällernest, das durch königlichen Beschluss in einen politischen Führerstand verwandelt wurde.« Nun begann Ottawas Karriere tatsächlich als Holzfällerort, denn der Ottawa River war ein sicherer Transportweg ins Landesinnere, der – anders als der St.-Lorenz-Strom – außerhalb der Reichweite der amerikanischen Kanonen lag. Mitte des 19. Jahrhunderts besaß Bytown – wie der Ort damals nach einem Kanal genannt wurde – die größte Sägewerks-Konzentration der Welt. Aber das sei, so die Rivalen Toronto, Montréal, Québec und Kingston, nun wahrlich nicht als Kriterium für eine Hauptstadt zu werten. Wenn vier sich streiten, freut sich

Im 19. Jahrhundert machten sich Menschen aus aller Welt auf den Weg, um in Kanada eine neue Zukunft zu finden. Viele hofften auf das große Geld, andere suchten eine neue Heimat, in der sie vor religiöser Verfolgung sicher waren. Doch bereits die Reise brachte einen Großteil der Siedler an den Rand ihrer Kräfte (Fotografie um 1900). oben

Vor allem wegen des harten Klimas kam der Straßenbau oft nur schleppend voran. Mitte und unten

Die Brücken über die Flusstäler der Rocky Mountains stellten die Ingenieure der Canadian Pacific Railway vor höchste Aufgaben. oben
Ein eingespieltes Team befeuerte die Dampflokomotiven. Mitte
Das Wetter war der ärgste Feind der Bautrupps. unten
Die Bahnlinie durch die Rockies ist bis heute eine Lebensader für Kanadas Westen. rechts

Der Bau der Canadian Pacific Railway

Weite Teile Kanadas wurden mit dem Kanu erschlossen: Indianer und Trapper folgten den Flussläufen, und auch die ersten Prospektoren der Handelsgesellschaften wählten zunächst Wasserwege, um tiefer in die Wildnis vorzudringen. So wurden die spärlichen Finanzmittel des dünnbesiedelten Landes anfangs vor allem in den Ausbau von Kanälen gesteckt. Das sollte sich ändern, als in den dreißiger Jahren des 19. Jahrhunderts die »Railroad-Mania« vom britischen Mutterland über den Atlantik schwappte. Bereits 1836 nahm die erste Eisenbahn in den nordamerikanischen Provinzen ihre Fahrt auf – zunächst auf Holzschienen. Die Vorstellung, die längste Bahnstrecke der Welt quer durch Kanada zu bauen, erschien damals noch mehr als kühn. Dass man sich 1871 dennoch entschloss, ein solches Mammutprojekt in Angriff zu nehmen, hatte vor allem politische Gründe: British Columbia war nur bereit, die Ehe mit der kanadischen Konföderation einzugehen, wenn diese ein generöses Brautgeschenk machte: den Bau einer Eisenbahn vom Atlantik zum Pazifik. Nach zehn Jahren, so die Vorgabe von Premierminister John Alexander Macdonald, sollten die Bauarbeiten beendet sein. Viele Kritiker liefen daraufhin Sturm gegen diesen »Plan irrwitziger Rücksichtslosigkeit«. Die Erwartungen des Premierministers sollten sich bald als allzu optimistisch erweisen – in der vorgegebenen Zeit war die transkanadische Eisenbahn nicht zu realisieren. Tausende von Streckenarbeitern hatten gegen Hitze, Kälte und Monotonie zu kämpfen, und in den nicht erschlossenen Gebieten waren Meisterleistungen der Ingenieure erforderlich, um den Bau überhaupt weiter voranzutreiben. So mussten Tunnel mit unzureichenden Mitteln in die Berge gesprengt, tollkühne Holzbrücken über Schluchten und Täler geführt und Dämme in Sumpfgebieten aufgeschüttet werden. Not macht erfinderisch: Den kanadischen Ingenieuren gelangen revolutionäre Neuerungen, die später weltweit imitiert wurden: So etwa die Spiral Tunnels bei Lake Louise, wo die Lok eines endlos langen Güterzugs bereits aus dem oberen Tunnel herausschnauft, während die letzten Wagen noch gar nicht im unteren verschwunden sind. Oder Schneepflüge mit rotierenden Schaufelrädern, mit deren Hilfe die Züge auch im Winter die Bergstrecken in den Rocky Mountains befahren konnten. Am 7. November 1885, nach 14 turbulenten Jahren, war es so weit: Mit dem legendären Ruf »All aboard for the Pacific« erklärten der Unternehmer Donald A. Smith, der Ingenieur Stanford Fleming und William van Horne, der Generaldirektor der Canadian Pacific Railway, am Eagle Pass das Jahrhundertwerk für vollendet. Im Juni 1886 verließ der erste planmäßige Zug, der »Pacific Express«, den Bahnhof von Montréal zur Jungfernfahrt über den gesamten Kontinent. Nach 139 Stunden und 4630 Kilometern rollte er pünktlich in Port Moody bei Vancouver ein.

der fünfte: Queen Victoria gab dem »Holzfällernest« an der französisch-englischen Sprachgrenze den Zuschlag. Ottawa bekam seine Repräsentationsgebäude auf dem Parliament Hill und ist eine schöne Stadt geworden – auch wenn ihre Gegner sie nach wie vor als etwas steril und zu wenig gewachsen empfinden. Hübsch ist diese Hauptstadt dennoch, besonders wenn im Frühjahr Millionen von Blumen den Parliament Hill in bunte Farben tauchen. Ottawa ist nicht nur für seine Regierungsgebäude, sondern auch für seinen hohen Freizeitwert bekannt.

Partout français! Was die Regierung in Ottawa beschließt, wird im Rest des Landes eher kritisch beäugt – besonders von den Frankokanadiern in der Provinz Québec. Die gleichnamige Stadt ist schon rein architektonisch ein Unikum in Nordamerika: Gänzlich von einer Stadtmauer umgeben, mit vielen verwinkelten, kopfsteingepflasterten Gässchen, entspricht ihr Ambiente eher dem einer europäischen Stadt. Die UNESCO stellte Québec City Metropolen wie Kairo, Jerusalem und Rom an die Seite und nahm die frankokanadische Hauptstadt in die Liste des Weltkulturerbes auf.
Der alte Gegensatz zwischen Franko- und Anglokanadiern in diesem Teil des Landes trat in den 1960er-Jahren erneut zutage. Radikale Separatisten forderten die Abtrennung der Provinz Québec vom Rest des Landes und die Gründung eines souveränen Staates. Obwohl Premierminister Pierre Elliot Trudeau das Französische im Jahr 1969 auf Bundesebene zur gleichberechtigten Landessprache erklärte, kam es in den darauffolgenden Jahren zu Sprengstoffanschlägen, Banküberfällen und Entführungen durch die Extremisten der Freiheitsbewegung. Die Bundesregierung sah sich schließlich sogar gezwungen, 1970 einen vorübergehenden Ausnahmezustand über die Provinz zu verhängen. Sprachrohr der Separatisten ist die Parti Québécois (PQ), die 1994 zum zweiten Mal als Sieger aus den Wahlen hervorging. Hatten in einer Volksabstimmung des Jahres 1980 noch 59 Prozent der Wähler in Québec die Selbständigkeit abgelehnt, waren es 1995 nur mehr 50,6 Prozent – bei 49,9 Prozent der Stimmen für ein unabhängiges Québec. Doch gibt es auch unter den französischstämmigen Kanadiern viele, die eher skeptisch sind: Ein neuer Staat neben Kanada, den USA und Mexiko? Sie fürchten um die Wirtschaft, befürchten eine abschreckende Wirkung auf die Investoren. Sie führen zu Recht die immensen Kosten ins Feld, die eine neue Regierung verursachen würde. Und die Restkanadier sehen mit Argwohn nach Québec: Würde die Provinz wirklich selbständig, würden womöglich die Pazifikanrainer dazu ermutigt, sich ebenfalls abzuspalten, die Position Kanadas in der Welt wäre deutlich geschwächt. Ihre Hoffnung richtet sich auf Montréal, dessen Bewohner bei Kanada bleiben wollen.

Multikulturelle Vielvölkerstadt. In Toronto findet man die Kleinstaaterei eher lästig. Hier funktioniert ein Mosaik aus vielen Nationen besser als irgendwo anders in der Welt. Toronto war 1953 die erste Stadt in Nordamerika, die sich mit zwölf Vororten zu einer Metropolis zusammenschloss. Trotz ihrer Größe ist diese Stadt bemerkenswert sauber und sicher, nach US-Maßstäben geradezu ein Freilichtmuseum. Wobei die Freiluft so ihre Tücken hat – kanadische Winter können bitterkalt werden, und die Shopping-Lust lässt bei Temperaturen von minus 40 Grad Celsius doch stark nach. Aus diesem Grund entstand Torontos Tunnelstadt – auf mehr als 12 Kilometern verbinden Tunnels Rathaus, Arztpraxen, Banken, Museen und U-Bahn-Stationen. Dazu laden über tausend unterirdische Geschäfte und Restaurants zu einem Besuch ein. Auch Edmonton und Winnipeg haben ihre »Unterwelt«, Montréal besitzt sogar ein 30 Kilometer langes unterirdisches Wegenetz. Calgary setzt dagegen auf seine Skywalks, ein System von Fußgängerwegen, die hoch über den Straßen die Gebäude verbinden und die im Winter mit Plexiglasverkleidungen abgedeckt werden.

Das 1888 erbaute »Banff Springs Hotel« war einst das größte Hotel der Welt. oben
Kanadas weite und oft nur spärlich besiedelte Landschaft bildete im Lauf der Filmgeschichte die Kulisse für zahlreiche Road Movies. Szenen aus Filmen des Regisseurs Donald Shebib: »Rip-off« (1971). Mitte
Die bescheidenen Anfänge des berühmten Schilderwalds in Watson Lake. unten

Die rot berockten »Mounties« sind längst ein »Wahrzeichen« Kanadas. Ihr abenteuerlicher Einsatz für Recht und Ordnung im einstigen Wilden Westen bot immer wieder Stoff für Literaten und Filmemacher. Heute ist Regina das Ausbildungszentrum der weltberühmten Truppe. Täglich können Besucher hier einer farbenprächtigen »Mountie«-Parade mit Fahnensetzen und Rekrutendrill beiwohnen.

Rote Reiter für Recht und Gesetz: Die Helden des Westens

Er sieht gut aus, hat ein goldenes Herz und dank seiner Vergangenheit in den Schneewüsten Nordkanadas unorthodoxe Ideen zum Überleben. Von Gangstern in ein Kühlhaus eingesperrt, weiß er, dass man überlebt, wenn man sich mit Fleisch behängt – das isoliert nämlich. Dies ist eine der köstlichen Szenen der Kult-Fernsehserie »Ein Mountie in Chicago«, die die »Rotröcke« genau so zeigt, wie die Kanadier sie gern sehen: als Freunde und Helfer, gewitzt, unbestechlich und gerecht. Gegründet wurde die zivile, aber paramilitärisch organisierte Einheit der Royal Canadian Mounted Police (die bis 1920 Northwest Mounted Police hieß) 1873, um den Wilden Westen »in den Griff zu bekommen«. Die berittenen Ordnungskräfte sollten vor allem den amerikanischen Pelzhändlern das Handwerk legen, die in die kanadischen Prärien vordrangen und den Indianern illegalen Whisky verkauften. Außerdem sollten sie politische Unruhestifter und die schwarzen Schafe unter den Immigranten im Zaum halten. Als ersten Posten im Westen errichtete die rot berockte Mustertruppe 1874 Fort MacLeod. Ihr Hauptquartier verlegte sie zunächst nach Marple Creek, 1883 dann an die Bahngleise in Regina. Seit 1920 residiert die RCMP in Ottawa. Noch heute übt die etwa 20 000 Mann starke Truppe in den dünn besiedelten Landstrichen von acht Provinzen und in den beiden nördlichen Territorien die Polizeigewalt aus. Neben einigen Städten und Regionen unterhalten lediglich die beiden finanziell besser gestellten Provinzen Québec und Ontario eigene Polizeibehörden. Wer sich auf die Spuren der »Rotröcke« begeben möchte, sollte das RCMP Royal Centennial Museum in Regina besuchen, das die abenteuerliche Vergangenheit der Ordnungshüter eindrucksvoll dokumentiert – mal sehr informativ, mal mit heroischem Timbre. Hier sind unter anderem die Handschellen des rebellischen Métis-Führers Louis Riel ausgestellt, und man kann die Waffen bewundern, mit denen die »Mounties« an der Seite von General Custer gegen den legendären Sioux-Häuptling Sitting Bull kämpften.

Helden auf stählernen Kufen. Nicht nur in den unterirdischen Städten lässt sich der klirrend kalte Winter auf angenehme Weise vergessen, auch in Kanadas Eishallen geht es heiß her! Gut dreitausend dieser Bauten gibt es im ganzen Land und über 500 000 Eishockeyspieler! Wo in Europa oder Südamerika König Fußball regiert, wo Football-Endspiele in den USA eine Art Massenhysterie hervorrufen, können die Kanadier nur müde lächeln. Es gibt für sie nur ein Spiel, das zählt: die Hatz auf Kufen, ein rasend schnelles Teamspiel rund um die schwarze Hartgummi-Scheibe. Die riesigen Eishallen sind zugleich berühmte Monumente: der Olympic Saddledome in Calgary für knapp 19 000 Zuschauer, das Stadion in Montréal für rund 21 000 Fans oder der General Motors Place in Vancouver, der gut 18 500 Menschen fasst. Eine ganze Kleinstadt unter einem Dach, eine Stadt, die ihren Helden zujubelt! Der Held aller Helden ist Wayne Gretzky, der mit den »Edmonton Oilers« viermal den Stanley Cup gewann, die bis heute wichtigste Trophäe im professionellen Eishockey. Als diese Lichtgestalt des Sports seiner Ehefrau, einer Schauspielerin, zuliebe 1988 zu den »Los Angeles Kings« wechselte, war in Kanada beinahe Staatstrauer angesagt. Die schleichende US-amerikanische Unterwanderung hat eben auch vor dem Nationalheiligtum nicht Halt gemacht. Um den lukrativen Markt der USA hinzuzugewinnen, waren bereits 1924 die »Boston Bruins« in die National Hockey League aufgenommen worden, weitere Mannschaften folgten. »Money rules« – Geld macht es auch möglich, dass ganze kanadische Vereine einfach in die Staaten verkauft werden. Trotzdem – wer irgendwo in Kanada nur einmal bei einem Spiel dabeigewesen ist, spürt die Faszination dieses schnellen, oft brutalen und doch so eleganten Sports, der meist nur kurz »Hockey« genannt wird. Es gibt kaum einen größeren Ort in Kanada, und sei er auch noch so abgelegen, in dem es nicht mindestens eine Eishockey-Mannschaft gäbe. Zum Training genügt ein vom Schnee befreites Stück Eisdecke auf einem der unzähligen großen und kleinen Seen des Landes. Auch sonst heißt die Freizeit-Devise »outdoors« – hinaus in die Natur. Die bestsortierten Outdoor-Läden der Welt finden sich in Kanada, »Überleben in der Wildnis« ist ein Dauerbrenner-Thema im Kursangebot der Sportvereine und Volkshochschulen. Nicht zuletzt ist auch die Entstehung einer Umweltschutzorganisation wie »Greenpeace«, die 1970 in Vancouver gegründet wurde, mit auf die Naturbegeisterung der Kanadier zurückzuführen.

Aquarelle und Ölgemälde. Kein Wunder, dass die Natur für die Kanadier eine große Rolle spielt, und zwar für den Farmer in der Provinz ebenso wie für die Bewohner der Millionenstädte: Hat man die urbanisierten Zonen des Landes mit ihren sich schier unendlich ausbreitenden Vororten erst einmal verlassen, taucht man urplötzlich in die Wildnis ein: Seenplatten inmitten dichter Wälder in Ontario und Québec – vor allem im Indian Summer im Herbst ein wahrer Farbenrausch. Auch die Küstenlandschaften des Ostens wie etwa der Cape Breton Highland National Park in Nova Scotia bezaubern die Sinne. Als die Briten die Akadier, die Nachkommen der ersten französischen Siedler, vertrieben hatten, wurden vor allem Schotten und Nordiren ins Land geholt. Und tatsächlich erinnert Nova Scotia mit seinen malerischen Küstenstädtchen bis heute an schottische Inseln, und ein gälischer Gruß ist keine Seltenheit, genauso wie hier so mancher Ort seine Dudelsack-Kapelle hat. Umstritten ist die Herkunft des Spitznamens der Seeleute aus Nova Scotia, die in allen Häfen der Welt »Bluenose« genannt wurden. Stammt er tatsächlich vom übermäßigen Rumgenuss und einer entsprechend verfärbten Nase, wie manche behaupten, oder leitet er sich von der gleichnamigen Kartoffelart ab, die hier angebaut wird? Das Prädikat »Kartoffelinsel« geht jedoch klar an die Provinz Prince Edward Island, die einem Bonmot zufolge aus zwei langen Stränden und einem Kartoffelacker dazwischen besteht.

Der Maligne Lake im Jasper National Park ist der größte See in den kanadischen Rockies, der von Gletschern gespeist wird. oben
In den kleinen Orten findet man auch tagsüber Zeit für eine Runde Billard. Mitte
In der Robson Street in Vancouver. Wer heute das internationale Flair der beliebtesten Flaniermeile der Stadt genießt, kann sich kaum vorstellen, dass es hier bis vor etwa 20 Jahren fast nur deutsche Geschäfte und Lokale gab. unten

Die Kultur der Inuit: Leben am Rand des Eises

Die Vorfahren der Inuit sind im Vergleich zu den Indianern prähistorische Neubürger, denn sie gelangten erst vor etwa 6000 Jahren in die kanadische Arktis. Um 1000 n. Chr. wurden diese ersten Inuit vom Volk der Thule verdrängt, das aus dem nördlichen Alaska nach Kanada einwanderte und den Ureinwohnern kulturell weit überlegen war. Vor allem verfügten die Thule über ausgefeiltere Jagdtechniken: Sie besaßen Boote und Harpunen, mit denen sie Robben jagen konnten. »Inuit« (Einzahl »Inuk«) heißt in der Sprache Inuktitut schlicht und einfach Menschen. Der Name »Eskimo«, Rohfleischesser, wurde den Bewohnern des hohen Nordens von den Indianern gegeben. Dass die Inuit trotz des extremen Klimas in der Arktis blieben, lag nicht zuletzt an den Indianern, die ihnen den Weg nach Süden versperrten. In vielen Dingen verstanden es die Ureinwohner perfekt, sich an die lebensfeindlichen Bedingungen ihrer Umgebung anzupassen. Sie bauten Schneehütten, fertigten Kajaks aus Treibholz, schnitzten Nähnadeln aus Knochen und verarbeiteten Sehnen zu Schnüren.

Da nach dem Glauben der Inuit allen Dingen in der Natur eine Seele innewohnt, töteten sie Tiere nur, um ihre Familien zu ernähren und zu bekleiden. Jeder Teil der kostbaren Beute wurde verwertet und von den Jägern innerhalb der Gruppe verteilt. Die traditionelle Welt der Inuit begann zu zerfallen, als im 19. Jahrhundert weiße Pelzhändler immer weiter nach Norden vordrangen. Der klassische Verband von Jägern löste sich auf, nicht die Gruppe, sondern das Individuum zog aus der Dorfgemeinschaft zu den Handelsposten. Als die Pelzpreise während des Zweiten Weltkriegs drastisch fielen, stürzte dies die Inuit in Hunger und Elend. In den siebziger Jahren des 20. Jahrhunderts war eine traurige Bilanz zu ziehen: Zahlreiche Inuit waren alkohol- und drogenabhängig. Auf das selbst verwaltete Territorium Nunavut, das die Inuit 1999 erhalten haben, gründen sich viele Hoffnungen, aber auch Ängste der Menchen. Denn ein Sprichwort in der Arktis lautet: »Wir setzen unsere Füße auf frisch gefallenen Schnee, aber man kann nie wissen, was unter dem Schnee auf einen lauert.«

Schon zu Beginn dieses Jahrhunderts hatten viele Inuit-Männer ihr traditionelles Leben aufgegeben. Die meisten arbeiteten als Fallensteller oder Pelzhändler. Das Leben der Inuit ist heute ein Balanceakt zwischen den Zeiten: Viele sind nicht mehr in ihrer jahrhundertealten Kultur zu Hause, aber noch nicht in der Moderne angekommen.

Lässt die Landschaft der Ostprovinzen an sommerlich leichte Aquarelle denken, entsprechen die Rocky Mountains wohl eher einem wuchtigen Ölgemälde. Ein ganz anderes Bild bietet die schier endlose, menschenleere Weite der Prärieprovinzen Manitoba, Saskatchewan und Alberta. Eine Autotour durch diese Regionen ist jedoch keineswegs so eintönig, wie mancher vielleicht glauben möchte: Die Farben ändern sich im Tageslauf, dramatische Wolken jagen über den endlos hohen Himmel, Scheunen und die riesigen Silos mit ihren Türmen und Erkern – auch »Kathedralen der Prärien« genannt – unterbrechen das Meer der Getreidehalme. »Big Sky Country« nennen die Kanadier diese Landschaft.

Ein Land für Wiederholungstäter. Kanada macht süchtig, und die Zahl der Wiederholungstäter unter den Fans ist hoch: Nach den eher klassischen Routen sucht der Infizierte neue Seiten an seinem erklärten Lieblingsland zu entdecken: Raue Küsten in Labrador und Newfoundland oder die Weite der Tundra entlang der Hudson Bay und in den Northwest Territories. Im hohen Norden des Landes, wo ein schnurgerader Highway direkt in den Horizont hineinzuführen scheint, in der Stille der arktischen Wälder und Tundren, bekommt das Wort Einsamkeit neue Bedeutung. Kanada wirklich erfasst hat der, der auch einmal Isolationsgefühle beklemmend verspürt – und überwunden hat! Damit nicht genug: Erst wo die Straßen enden, beginnt für den echten Outdoor-Freak die Wildnis und damit auch das Regiment der Buschpiloten. Heute sind die Wasserwege, auf denen einst die Trapper und Entdecker in die Wildnis vordrangen, ideale Landeplätze für die Flugzeuge – im Sommer auf Schwimmern, im Winter auf Kufen. Reguläre Landepisten sind für diese Luftakrobaten keine Herausforderung, ihre Welt ist die Wildnis nördlich des 60. Breitengrads. Touristen sind eingeladen, sich von einem Buschpiloten in eines der Fly-in-Camps für Angler und Outdoor-Fans hoch im Norden bringen zu lassen. Nicht nervös werden sollten sie allerdings, wenn außen an der Maschine beispielsweise ein Billardtisch, ein Klavier oder eine Waschmaschine festgezurrt ist, und stattdessen bei der Landung auf das Geschick und die Erfahrung des Piloten vertrauen. Hilfreiche Survival-Bücher wie »Northern Survival« oder »Down But Not Out« werden in solchen Situationen gern zitiert: »Mäuse und Lemminge sind essbare Tiere und sollten von Überlebenden eines Zwischenfalls nicht verschmäht werden.«

Wege bahnen in den Westen. Wer doch lieber auf dem Boden bleibt und mit dem Auto über die einsamen Highways in den Norden vordringen möchte, sollte sich darüber im Klaren sein, dass auch diese Fortbewegungsart eine sehr junge ist. Straßenbau in einem Land wie Kanada hat mit übermenschlichen Anstrengungen zu tun. Viele der Highways gehen auf Arbeitsbeschaffungsprojekte während der Rezession der zwanziger Jahre zurück. Noch vor hundert Jahren war Kanadas Westen ein extrem unzugängliches Land, in das man zum Teil selbst zu Pferd nicht vordringen konnte und das allein über die Flussläufe erschlossen werden musste. Lange vor den Straßen stellte der Bau der Canadian Pacific Railway – einer Eisenbahnverbindung vom Atlantik bis zum Pazifik – die Ingenieure und Bautrupps vor höchste Anforderungen (siehe Seite 14). Seit über 110 Jahren existiert die legendäre Eisenbahntrasse, die das Land nach Meinung vieler erst wirklich zu einem Staat gemacht hat. Nach ihrer Fertigstellung bemerkte ein Politiker: »Kanada würde in der Mitte auseinander brechen, wenn es nicht mit stählernen Gleisen zusammengehalten würde.« Damit spielte er auf die unvorstellbare Größe des Landes an: Die nach dem Zerfall der Sowjetunion größte Nation der Welt – ihr Gebiet erstreckt sich über knapp zehn Millionen Quadratkilometer – besitzt mit dem 7821 Kilometer langen Trans Canada Highway auch die weltweit längste Straße. Sie führt von St. John's auf Newfoundland bis nach Victoria auf Vancouver Island durch sechs Zeitzonen. Vom Atlantik bis zum Pazifik erstreckt sich Kanada über

Viele junge Indianer interessieren sich wieder für die jahrtausendealte Kultur ihres Volkes, die bei den Stammestreffen gepflegt wird. oben
Viele Kanadier besitzen einen Pick-up, auf dessen Ladefläche allerlei Platz findet. Mitte
Die Helden der Straße sind die Trucker, die mit ihren tonnenschweren Lastern über die Highways donnern. Durch lautes Hupen zeigen sie, wer Vorfahrt hat. unten

Weine aus Kanada: Lauter edle Tropfen

Weinanbau in Ontario? Da glaubt mancher zunächst, sich verhört zu haben. Doch tatsächlich fährt man an weiten Rebfeldern vorbei, wenn man in der Gegend rund um Niagara-on-the-Lake, auf Pelee Island oder an der Nordküste des Lake Erie unterwegs ist. In diesen drei kleinen Anbaugebieten wird ein Großteil der kanadischen Weine gekeltert. Vor allem österreichische und deutsche, aber auch französische und italienische Einwanderer brachten die Kunst der Önologie in die neue kanadische Welt – davon zeugen Namen wie Konzelmann, Hillebrand, d'Angelo und Magnotta. Von einer langen Anbautradition zu sprechen wäre vermessen: Zwar wurde hier und da bereits im ausgehenden 19. Jahrhundert Wein angebaut, doch erst vor gut 25 Jahren begannen die Winzer mit ihrer professionellen Arbeit. Die Voraussetzungen waren mehr als günstig, denn neben dem kontinentalen Klima, das durch die Wassermassen des Ontario- und Eriesees gemildert wird, sorgt auch die Bodenbeschaffenheit dafür, dass Rebsorten wie Chardonnay, Pinot Noir und Cabernet hervorragend gedeihen.
Zwar genügen die Weine international oft nur durchschnittlichen Ansprüchen, doch gibt es auch immer wieder Erfolge zu feiern: 1997 heimsten Winzer aus Ontario 28 Mal die Goldmedaille bei internationalen Prämierungen ein. Ein kanadischer Chardonnay wurde 1994 in London sogar zum besten der Welt gekürt – allerdings stammte er nicht aus Ontario, sondern aus dem Okanagan Valley in British Columbia, der zweiten kanadischen Weinbauregion. Das milde Klima und die sandigen Böden machen das Tal, das geographisch etwa auf derselben Höhe wie die deutschen Weinbaugebiete Pfalz und Rheinhessen liegt, zu einem idealen Standort. Einen guten Ruf haben sich viele der Winzer, die größtenteils aus deutschsprachigen Ländern stammen, neben den Chardonnay-Weinen vor allem mit Gewürztraminern erworben.
Eine besondere Spezialität der Region ist der Eiswein. Kanada ist der weltweit größte Produzent von Eisweinen.

Kanadas Winzer haben allen Grund zur Freude, denn ihre Weine finden auch in der Alten Welt immer mehr Anerkennung. Vor allem die spritzigen Weißweine aus dem sonnigen Okanagan Valley in British Columbia großes Bild lassen bei internationalen Prämierungen nicht selten große Namen der europäischen Konkurrenz hinter sich.

rund 5500 Kilometer, von Norden nach Süden über 4600 Kilometer. Mit rund 755 000 Quadratkilometern Binnengewässern nennt das Land ein Drittel aller Süßwasservorräte der Welt sein eigen. Das größte Kapital des Landes aber sind seine Menschen, Menschen aller Nationalitäten, die hier zusammengekommen sind.

Ein multikulturelles Mosaik. Kanada ist ein multikulturelles Land, kein Schmelztiegel wie die USA, vielmehr ein Kaleidoskop von Völkern, die sich um Toleranz bemühen. Die Einwanderer dürfen ihrer Herkunft treu bleiben, ein Minister für multikulturelle Angelegenheiten kümmert sich um die Interessen der rund dreißig ethnischen Gruppen. Der »Multikulturalismus innerhalb eines zweisprachigen Rahmens« wurde 1971 zum politischen Ziel der Regierung erklärt. Dennoch hat auch das Land unterm Ahornblatt seine Probleme, denn nach den Inuit, die seit 1999 im selbst verwalteten Territorium Nunavut volles Mitglied im Hause Kanada sind, setzen sich nun auch einige Indianerstämme für eigene Territorien ein. »Natives«, »First People«, manchmal auch »Aborigines« oder »Dene« nennt man die Indianer, die mit neuem Selbstbewusstsein und neuen selbst verwalteten wirtschaftlichen und touristischen Projekten allmählich aus ihrer Apathie finden. Die jüngsten Einwanderer aus Asien bringen neue Identitätsprobleme mit. In Teilen der Bevölkerung wächst der Widerstand gegen die Politik des Multikulturalismus.

Die europäischen Entdecker. Als – zumindest aus europäischer Sicht – die Geschichte Kanadas vor rund 400 Jahren begann, fing alles mit nur zwei Nationen an, England und Frankreich, wobei die Franzosen zuerst da waren – und das bis heute immer wieder betonen! Doch bereits viele Jahrhunderte vor den englischen und französischen Seefahrern, die den unbekannten Kontinent für ihre Königshäuser in Anspruch nahmen, waren Wikinger in Newfoundland und Labrador gelandet, hatten aber keine bleibende Siedlung gegründet. Im Jahr 1534 erhielt Jacques Cartier vom französischen König François I. den Auftrag, die Nordwestpassage nach Indien zu finden. Nachdem er durch die Straße zwischen Newfoundland und Labrador gesegelt war, ging Cartier an der Mündung des St.-Lorenz-Stroms an Land und nahm das umliegende Gebiet durch ein 10 Meter hohes Kreuz mit dem Wappen Frankreichs für seinen König in Besitz. Samuel de Champlain kam 1603 mit einer französischen Expedition an den St.-Lorenz-Strom. Am 3. Juli 1608 gründete er an der Flussenge die erste französische Siedlung in Kanada. Auch wenn die ersten Jahre sehr hart waren, »Neufrankreich« behauptete sich trotz Meutereien, Krankheit und zeitweiliger Besetzung durch die Engländer, die ebenfalls bereits im 16. Jahrhundert Neuengland besiedelt und den Ostteil von Newfoundland in Besitz genommen hatten. Im Jahr 1610 wurde dort die erste britische Kolonie gegründet.

Pelze für die Alte Welt. In Europa waren in der zweiten Hälfte des 16. Jahrhunderts Filzhüte in Mode gekommen, für deren Herstellung sich kanadische Biberpelze hervorragend eigneten. Doch der lukrative Pelzhandel war für englische Handelsunternehmen versperrt, da Frankreich den Exportweg über den St.-Lorenz-Strom kontrollierte. Die Entdeckung der Hudson Bay im Norden bot die Möglichkeit, die französischen Zollhindernisse zu umgehen. Im Jahr 1670 gründete Rupert, Prinz von Böhmen, ein unternehmungslustiger Cousin des englischen Königs Charles II., eine Gesellschaft mit dem klingenden Namen »Governor and Company of Adventurers of England Trading into Hudson's Bay«. 1668 errichteten sie an der Mündung des Rupert River in die Hudson Bay die erste Niederlassung der Hudson's Bay Company (HBC) mit Sitz in Fort Simpson.
Heute ist aus der ältesten Handelsgesellschaft Nordamerikas eine Warenhauskette geworden, und wenn einer etwas aus dem Kaufhaus braucht, sagt er einfach, er ginge zu »The Bay«. Was in einem so jungen Land über hundert Jahre alt ist, ist unvor-

Große Teile Kanadas sind durch Straßen kaum erschlossen. Kein Wunder, dass manche Distanzen sich nur per Flugzeug oder Hubschrauber bewältigen lassen. Oft setzt aber auch die Natur Grenzen, und man muss zum Beispiel vom Auto auf die Fähre umsteigen.

stellbar »historic«. So mancher europäische Besucher, dessen Großmutter weit ältere Sachen auf dem Dachboden hortet, mag sich über die enorme Anziehungskraft eines »Pioneer Museums« wundern, und die Begeisterung für diese Art von historischen Sehenswürdigkeiten wird spätestens bei der Besichtigung des zwanzigsten HBC-Forts nachlassen. Aber mit der Hudson's Bay Company beginnt eben ein Stück Geschichte ganz nach kanadischem Geschmack: Mit ihr verbinden sich Anekdoten rund um Trapper und Fallensteller, um indianisches Wissen, aber auch düstere Geschichten über skrupellose Händler, die aus den USA kamen und den Indianern mit billigem Fusel die Felle abluchsten. Auch untereinander lieferten sich die Kaufleute harte Konkurrenzkämpfe, was im Jahr 1776 zur Gründung der North West Company (NWC) führte, die in den folgenden Jahren zum schärfsten Rivalen der HBC werden sollte. Es kam zu einem Wettlauf um die Erschließung des Westens und damit auch um die Nordwestpassage. Letztendlich aber konnte die North West Company den finanziellen Anforderungen, die der Unterhalt der zahllosen Handelsposten inmitten der Wildnis für sie bedeutete, nicht standhalten: Im Jahr 1821 wurde sie von der Hudson's Bay Company übernommen.

Wer im Kanu über die Seen des Bowron Lake Provincial Park in den Cariboo Mountains paddelt, kann Tiere wie Elche und Schwarzbären aus nächster Nähe beobachten.

Eine Nation entsteht. Zurück zu den Geburtswehen des modernen Kanadas: Es kam zu militärischen Auseinandersetzungen um die Vorherrschaft in Nordamerika zwischen Engländern und Franzosen. Bereits 1713 im Frieden von Utrecht war Frankreich der große Verlierer und nach der Niederlage im Siebenjährigen Krieg 1763 musste es alle kanadischen Besitzungen an England abtreten. Québec wurde von nun an durch einen britischen Gouverneur regiert.
Auch der amerikanische Unabhängigkeitskrieg (1775–1783), der zur Gründung der Vereinigten Staaten von Amerika führte, hinterließ in der Geschichte Kanadas seine Spuren. Kanada blieb neutral, aber an die 50 000 Gegner der amerikanischen Revolution siedelten sich jenseits der neuen Landesgrenze an, zogen in die bisher menschenleeren Provinzen Nova Scotia, New Brunswick und Ontario. So wurde aus einer französischen Kolonie ein mehrheitlich englischsprachiges Land. Weiterhin schielten viele Amerikaner voller Neid auf die hohen Pelzerträge der nördlichen Nachbarn. Im so genannten zweiten Unabhängigkeitskrieg (1812 bis 1814) drängten britische Truppen erfolgreich US-Soldaten aus Kanada zurück. Im Frieden von Gent wurde der Status quo zwischen den beiden großen Staatsterritorien Nordamerikas endgültig festgeschrieben. 1867 vereinigten sich die heutigen Provinzen Québec, Ontario, New Brunswick und Nova Scotia zum Dominion of Canada, einer parlamentarischen Demokratie mit einer eigenen Verfassung nach englisch-amerikanischem Muster. Das riesige Territorium der Hudson's Bay Company (Rupert's Land) kam zwei Jahre später dazu: 8 Millionen Quadratkilometer Land. Später folgten Manitoba (1870), British Columbia (1871) sowie Alberta und Saskatchewan (1905). Seit 1965 ist das rote Ahornblatt auf weißem Grund die Nationalflagge; 1980 wurde eine Nationalhymne eingeführt. Seit dem »Canadian Act of 1982« ist das britische Parlament auch offiziell nicht mehr für kanadische Angelegenheiten zuständig. Staatsoberhaupt ist zwar weiterhin Königin Elisabeth II., die sich aber politisch von einem Generalgouverneur vertreten lässt. Die zehn Provinzen und zwei Territorien haben jeweils eigene Verfassungen und werden von jeweils einem Provinzgouverneur regiert.

Kultur made in Kanada. Wie diese Gouverneure heißen, weiß kaum jemand in Europa, denn Skandale und Katastrophenmeldungen dringen nur selten bis in die Alte Welt. Neben ihrer »Nettigkeit« ist es auch das Los der Kanadier, dass im deutschen Sprachgebrauch die Träger englischer Namen automatisch in England oder Amerika angesiedelt werden. Dabei sind kanadische Künstler aller Sparten heute weltweit erfolgreicher denn je: Popmusiker

führen die internationalen Hitlisten an, Autoren werden als Neuentdeckungen gefeiert und ihre Werke in alle Sprachen der Welt übersetzt, Architekten und Regisseure mit renommierten Preisen ausgezeichnet.
Zu den großen Stars der Musikszene gehören Sänger wie Leonard Cohen, Neil Young, Paul Anka, Gordon Lightfoot und Joni Mitchell, Céline Dion und Alanis Morissette. Der Pianist Glenn Gould schrieb mit seinen eigenwilligen Interpretationen von Bach und Beethoven Musikgeschichte; Oscar Peterson wird von Jazz-Fans in der ganzen Welt verehrt.
Zu den im Ausland bekanntesten Schriftstellern der Gegenwart zählen die Kultautorin Margaret Atwood (»Katzenauge«, »Der Report der Magd«, »Tipps für die Wildnis«), Arthur Hailey, der Bestseller wie »Hotel« und »Airport« verfasste, oder auch Michael Ondaatje, den die Verfilmung seines Romans »Der englische Patient« auf einen Schlag weltberühmt machte.
Gefeierte Werke kanadischer Architekten kann man in vielen Großstädten des Landes bestaunen, wie etwa das von Arthur Erickson entworfene Museum of Anthropology in Vancouver oder die eindrucksvollen Bauten von Moshe Safdie, zu denen die National Gallery of Canada in Ottawa und das Musée de la Civilisation in Québec City, das Musée des Beaux-Arts in Montréal sowie die Public Library in Vancouver zählen.
Als international bekanntester Regisseur gilt Horror-Spezialist David Cronenberg, und neben Toronto hat sich in jüngster Zeit vor allem Vancouver als Filmstadt einen Namen gemacht: Hunderte von Kinofilmen und Fernsehserien, darunter auch »Akte X«, wurden hier gedreht, was der Stadt an der Burrard Inlet bereits den Spitznamen »Hollywood North« eingebracht hat. Vancouver »doubelt« sogar oftmals andere Städte wie Chicago, New York und selbst Hongkong. Gründe dafür sind nicht nur die niedrigen Produktionskosten, eine kooperative Stadtverwaltung und die Nähe der Studios in Hollywood, sondern auch die hohe Lebensqualität der Metropole und ihre herrliche Umgebung, die Nähe zu Bergen, Stränden und einsamen Seen – Gründe, die nicht nur dafür sprechen, Vancouver auf einer Kanada-Reise keinesfalls auszulassen, sondern für viele den besonderen Reiz des ganzen Landes ausmachen.

Die indianischen Ureinwohner gaben Nordamerikas spektakulärsten Wasserfällen den Namen »Niagara«, donnerndes Wasser. oben
Die kanadische Wildnis kann man auf verschiedene Weise erfahren: ob im Kajak Auge in Auge mit einem Orca links, beim romantischen Lagerfeuer am Strand Mitte oder auf einer Trekkingtour durch die waldreiche Bergwelt. unten

Route 1

Von St. John's nach Halifax

Entlang der zerklüfteten Atlantikküste, durch urwüchsige Nationalparks zu historischen Stätten: Eine Fahrt von Newfoundland nach Nova Scotia bietet nicht nur atemberaubende Naturerlebnisse, sondern führt auch zu Kanadas kulturellen Wurzeln.

Grandiose Ausblicke: Auf einer Länge von 300 Kilometern umrundet der Cabot Trail den nördlichen Teil von Cape Breton Island.

Wo Kanadas Wiege stand

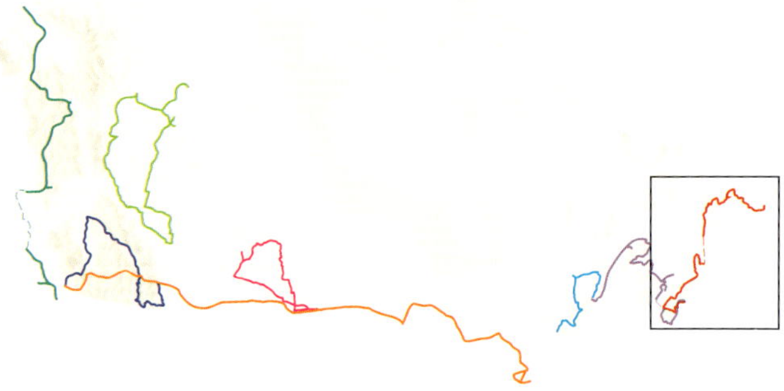

Von den hohen Wellen des Atlantiks umspült: Schimmernde Eisberge, steil abfallende Klippen, tief eingeschnittene Fjorde, felsige Hochplateaus und sattgrünes Weideland prägen die beiden östlichen Provinzen Newfoundland und Nova Scotia, denen neben irischen und schottischen auch bretonische Einwanderer ihren Stempel aufgedrückt haben.

1873 wurde die Royal Canadian Mounted Police gegründet, um in den Provinzen für Recht, Ordnung und die Einhaltung der Gesetze zu sorgen. Heute kontrollieren die Rotröcke nur den dünn besiedelten Norden Kanadas.

Es ist kein Geheimnis, dass das Wetter in Newfoundland gelegentlich launisch wie eine Diva ist, und so überrascht es nicht besonders, dass der graue Himmel, der eben noch über *St. John's*, der terrassenförmig angelegten Provinzhauptstadt, hing, auf dem kurzen Weg in den Vorort Quidi Vidi plötzlich aufreißt: Die Sonne lugt hervor und taucht die malerischen Häuser dieses um 1700 gegründeten Fischerdorfs in sanftes Licht. Oberhalb des Tals thront die trutzige Quidi Vidi Battery, eine von den Franzosen 1762 errichtete Festung, die schon kurze Zeit später von den Briten erobert wurde.

St. John's liegt auf der Halbinsel Avalon, eine der schönsten Regionen von Newfoundland mit felsigen Buchten, kleinen Fischerdörfern und mehreren Nationalparks. Eine zauberhafte Küstenstraße führt von der Stadt zum nahe gelegenen *Cape Spear*, das Nordamerikas östlichste Landspitze bildet. Wenn die steil abfallenden Klippen nicht wie so häufig vom Nebel umhüllt werden, können Frühaufsteher hier als Erste in Nordamerika den Sonnenaufgang beobachten.

Weiter geht es auf dem Highway 1, dem Trans Canada Highway, der in St. John's seinen Ausgangspunkt hat und sich über eine Distanz von rund 7000 Kilometern durch Kanadas Weiten schlängelt. Erst am anderen Ende des Kontinents, auf Vancouver Island am Pazifik, endet dieses unendlich scheinende Asphaltband.

Elche, Wale und Robben. Von Clarenville, einem ehemaligen Holzfällerlager, lohnt ein Abstecher über den Highway 230 zur Halbinsel Bonavista. Bald taucht die Ortschaft *Trinity* auf, die mit ihrer weißen Holzkirche und den gepflegten Holzhäusern wie eine Postkarten-Idylle erscheint. Vom Fischerhafen stechen im Sommer, je nach Besucheraufkommen, Walbeobachtungsboote in See. Von hier ist es nicht weit zum *Cape Bonavista*, an dessen düsterer Steilküste sich die hohen Wellen des Atlantiks brechen – man erlebt ein Stück entfesselte Natur.

Natur pur bietet auch der am Highway 1 gelegene *Terra Nova National Park*, eine Wildnis aus Wäldern und Fjorden. Wer den ältesten Naturpark von Newfoundland mit dem Auto durchquert, vorbei an Seen und Heidelandschaften, Hochmooren und Felsgruppen, sollte sich nicht gänzlich von der rauen und unberührten Landschaft gefangen nehmen lassen, denn die allgegenwärtigen Elche lieben asphaltierte Straßen schon deshalb, weil sich auf ihnen besser laufen lässt als in Dickicht und Morast – man sollte also rechtzeitig bremsen können.

Die urwüchsige Bergwelt des Gros Morne National Park kann man auf zahlreichen Wanderrouten erkunden, wie etwa auf dem James Callahan Trail.

Ganders große Tage sind vorbei. In den dreißiger Jahren besaß es eine große Bedeutung als britischer Luftwaffenstützpunkt, später landeten hier viele Zivilflugzeuge der Nordatlantik-Route, um ihre Treibstoffvorräte zu ergänzen. Heute – im Zeitalter der Langstreckendüsenjets – spielt die Stadt nur noch im regionalen Flugverkehr eine Rolle. Von Gander starten viele Buschflugzeuge ins Hinterland.
Mit dem Auto bietet sich von Gander ein Abstecher nach *Twillingate* an, der am Hamilton Sound entlangführt, vorbei an hübschen Fischerdörfern und Booten, die im Hafen dümpeln. Die blau, gelb, und rosa gestrichenen Häuser setzen kräftige Farbakzente in dem von bretonischen Fischern gegründeten Städtchen und einstigen Zentrum des Robbenfangs. Einen interessanten Einblick in das Leben der Neufundländer um die Jahrhundertwende gibt das Twillingate Museum.

Eisberge und Fjorde. Auch vor der Küste bei Twillingate kann man Wale beobachten, Hauptattraktion im Juni und Juli sind aber die gewaltigen Massen vorbeitreibender Eisberge (siehe Seite 33). Wie Twillingate liegt auch *Lewisporte* in der inselreichen Notre Dame Bay. Im lebhaften Hafen des Ortes legen die Fährschiffe nach Labrador ab.
In *Deer Lake* befindet man sich bereits wieder auf dem Trans Canada Highway. Der recht schmucklose Ort verdankt seine Bedeutung dem Flugplatz und der Tatsache, dass er regionales Versorgungszentrum ist und über ein Besucherzentrum für den nahe gelegenen *Gros Morne National Park* verfügt. In der vielfältigen Landschaft von dichten Wäldern, kristallklaren Seen, schroffen Felsformationen und ausgedehnten Sumpfgebieten – nicht umsonst nahm die UNESCO den Park 1988 in das Weltnaturerbe der Menschheit auf – haben Karibus, Elche, Schwarzbären, vor allem aber unzählige Vogelarten ein Refugium gefunden. Durch den Park zieht sich die Bergkette der Long Range Mountains, die Höhen von bis zu 800 Metern erreicht und zu den ältesten Gebirgen der Erde zählt. Spektakuläre Naturschauspiele bietet eine Bootstour auf dem Western Brook Pond. Man fühlt sich in eine norwegische Fjordlandschaft versetzt: Auf einer Länge

»Kein Ort in Nova Scotia ist weiter als fünfzig Kilometer von der Küste und vom Salzwasser entfernt.«
A. E. Johann, Nach Kanda sollte man reisen, 1968

Steile, von bunten Holzhäusern gesäumte Gassen führen zum Hafen von St. John's. oben
30 bis 45 Millionen Hummer werden jährlich aus den kanadischen Küstengewässern gefischt. unten
Der Naturhafen von St. John's. rechts

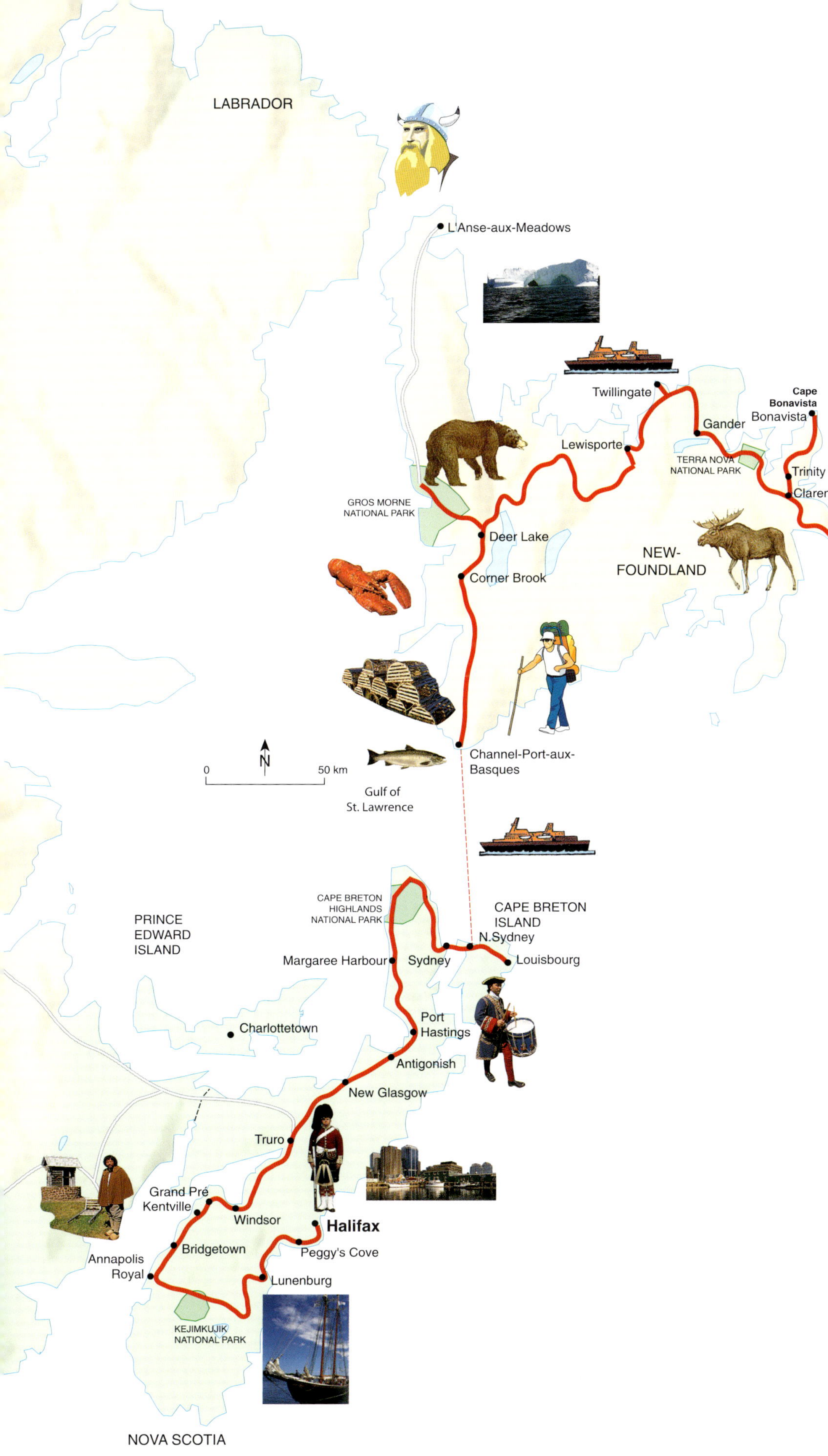

Die Wogen des Atlantiks haben die Granitfelsen an der Ostküste von Nova Scotia glatt gewaschen. Hier erhebt sich der markante Leuchtturm von Peggy's Cove. oben Steilküste auf der Halbinsel Digby Neck in der Bay of Fundy. unten

Eine vielfältige Pflanzenwelt gibt es im Gros Morne National Park oben und Mitte.
Das Freilichtmuseum in L'Anse aux Meadows, in dem ein rekonstruiertes Langhaus und zwei Vorratsgebäude zu sehen sind, gibt einen Einblick in das Leben der Wikinger. unten

von 16 Kilometern gräbt sich das Wasser in die Schlucht, die an manchen Stellen von etwa 500 Meter hohen Steilwänden begrenzt wird.
Den südlichen Zugang zum Park erreicht man auf dem Viking Trail (Highway 430) kurz hinter Wiltondale. Benannt ist der Trail nach den wahren Entdeckern Nordamerikas, den Wikingern, auf deren geheimnisvolle Spuren trifft, wer noch einen Tag anhängt und nach Norden zur originalgetreu rekonstruierten Siedlung L'Anse aux Meadows fährt (siehe Seite 39).

Ein Blick in die Kolonialzeit. Um die Fähre nach Nova Scotia (Neuschottland) nicht zu verpassen, geht es nun südlich in Richtung *Channel-Port-aux-Basques.* Der Name des einzigen ganzjährig geöffneten Fährhafens von Newfoundland verrät es: Die ersten Siedler, die sich hier im 16. Jahrhundert niederließen, waren Basken. Nach der gut sechsstündigen und von kräftigem Wellengang begleiteten Überfahrt taucht am Horizont Cape Breton Island auf, der nördliche Teil der Provinz Nova Scotia, mit der Hafenstadt North Sydney.
Der Weg ins südlich gelegene *Louisbourg* führt an üppigen Kornfeldern vorbei, die von ausgedehnten Nadelwäldern gesäumt werden. Einen Kilometer außerhalb der heutigen Ortschaft steht die Fortress of Louisbourg National Historic Site. Dieses größte historische Freilichtmuseum seiner Art in Nordamerika wurde in den sechziger Jahren geschaffen, indem ein Teil der französischen Stadt aus dem 18. Jahrhundert mit ihren Befestigungsanlagen wieder aufgebaut wurde.

Zauberhafte Wildnis. Nach diesem kurzen Ausflug in die kanadische Geschichte lockt bald wieder die pralle Natur, auf dem Cabot Trail geht es zum *Cape Breton Highlands National Park.* An der tief eingeschnittenen Bucht der St. Ann's Bay windet sich die spektakuläre Küstenstraße in stetem Rhythmus bergauf und bergab, vor-

bei an grauroten Steilufern, feinsandigen Stränden, schmucken Fischerdörfern wie Skir Dhu und Wreck Cove, und mündet in Ingonish, wo sich der Osteingang zum Nationalpark befindet.
Der Rundkurs des Cabot Trail erfreut sich während der Sommermonate großer Beliebtheit bei Kanadiern, Amerikanern und Europäern, die um die komfortabelsten Wohnmobile zu wetteifern scheinen. Dazwischen mühen sich hin und wieder voll bepackte Radfahrer an den Steigungen und gegen den Fahrtwind ab. Doch die Panorama-Ausblicke entschädigen für alle Mühen: Mal taucht ein an den Hang geschmiegtes Fischernest, mal eine vorgelagerte Insel auf.
Margaree Harbour, im Delta des lachsreichen Margaree River gelegen, besitzt bei Ornithologen einen klingenden Namen, nisten auf den küstennahen Inselchen doch Tausende von Seevögeln. In dem kleinen Ort trifft der Cabot Trail auf den Ceilidh Trail, der sich an der Westküste von Cape Breton Island, vorbei an einsamen Badestränden und baumbestandenen Schluchten, entlangzieht.

Lebendige Vergangenheit. Über den nicht gebührenpflichtigen Canso Damm bei Port Hastings und die gleichnamige Meerenge erreicht man das Festland von Nova Scotia. Die Bewohner von *Antigonish* ehren ihre schottischen Vorfahren mit den Highland Games jedes Jahr im Juli, bei denen neben gälischen Wettbewerben traditionelle Musik und Tänze auf dem Programm stehen. Ein düsteres Kapitel der regionalen Geschichte zeigt dagegen die *Grand Pré National Historic Site*. Die Gedenkstätte ist den Akadiern gewidmet, die einst hier siedelten, 1755 aber von den Briten vertrieben wurden.
Hinter Bridgetown erstreckt sich das fruchtbare *Annapolis Valley*. Vor allem Apfelplantagen prägen das kultivierte Land, nicht umsonst gilt die Region als größtes Apfelanbaugebiet Ostkanadas. Hauptattraktion von *Annapolis Royal* ist die Fort Anne National Historic Site. Die überaus gut erhaltenen Fortsetzung Seite 36

Vom Gipfel des Gros Morne hat man einen schönen Blick in den Ten Mile Pond. großes Bild
Ausgedehnte Sandstrände links, aber auch flechtenüberzogene Felsküsten oben prägen die Atlantikküste im Norden. Durch den Gros Morne National Park streifen Karibuherden. unten

Eisberge vor Newfoundland: Grüße aus der Arktis

Bizarr geformte Eisberge treiben an der Ostküste von Newfoundland entlang. Die Provinz gehört zu den wenigen Regionen der Erde, in denen man die schwimmenden Kolosse auch von Land aus sehen kann. Noch eindrucksvoller ist natürlich eine Bootstour. oben

Hummerfallen im Hafen von Pacquet auf der Halbinsel Baie Verte. unten

Der berühmteste Eisberg der Welt ist bis heute namenlos und längst geschmolzen – trotzdem ging er in die Geschichte ein. Als am 14. April 1912 der Schnelldampfer »Titanic«, ein Schiff der britischen White Star Line, auf der Jungfernfahrt im Nordatlantik mit einem Eisberg vor Newfoundland kollidierte, erlebte die Welt die größte Katastrophe in der zivilen Schifffahrt, bei der die tödliche Kraft des treibenden Riesen ausreichte, um über 1500 Menschen in eisige Tiefen zu reißen.

Heute können sich Besucher der kanadischen Provinz Newfoundland ohne Gefahr für Leib und Leben den wahren Giganten der Meere nähern. Bootsausflüge zu den Eisriesen oder ein guter Ausguck an der Küste sorgen für Eindrücke, die man nicht so schnell vergisst.

Jedes Jahr im Frühjahr wiederholt sich das beeindruckende Naturschauspiel: Mit dem Labradorstrom treibende, mitunter hochhausgroße Ungetüme aus Eis bewegen sich entlang der neufundländischen Ostküste träge südwärts. Ihre »Geburtsstätte« auf der Nordhalbkugel der Erde liegt in Grönland; die südlichen Ozeane dagegen werden von den Eismassen der Antarktis gespeist.

Die ungewisse und für die Schifffahrt gefährliche Reise im Nordatlantik beginnt, wenn sich Eisbrocken vom Inlandeis oder einem Tal-Gletscher lösen und abbrechen oder auch, wenn sich Packeis übereinanderschichtet. Diese Prozesse nennt man »kalben«. Ihre Schwimmfähigkeit verdanken Eisberge ihrer geringen Dichte, die unter der des Wassers liegt (0,916 gegenüber 1 Kilogramm pro Kubik-Dezimeter beim Wasser). Driftende Eisberge können ohne weiteres mehrere Quadratkilometer groß werden. Ihre wahre Höhe bleibt dem Beobachter aber meist verborgen, denn in der Regel ragt nur ein Siebtel des Giganten aus dem Wasser empor.

Nicht umsonst verwendet man im Sprachgebrauch das Bild von »der Spitze des Eisberges«, um darauf hinzuweisen, dass viele Dinge noch nicht ans Tageslicht gelangt sind.

Eine besondere Eigenschaft stellt die physikalische Unberechenbarkeit dar: Das allmähliche Abschmelzen auf dem Weg nach Süden verändert häufig den Schwerpunkt des Kolosses, was zur Folge hat, dass die gewaltige Masse umkippt.

Ein Blick durchs Fernglas
Einen Panoramablick auf die vorbeidriftenden Eisberge hat man vom Ort Twillingate auf der vorgelagerten Insel Change Island. Entweder schaut man vom Leuchtturm in Long Point aufs Meer oder bucht im Hafen eine Schiffstour zu den weißen Giganten. Die beste Jahreszeit dafür ist der Sommer, vor allem die Monate Juni und Juli. Weniger bekannt und daher nicht so überlaufen ist die kleine Halbinsel Baie Verte, von deren Küstenstädtchen aus man ebenso Bootsausflüge zu den Eisbergen unternehmen kann. Wer mit dem Boot rausfährt, sollte den warmen Pullover und den »Friesennerz« genauso wenig zurücklassen wie ein gutes Fernglas und eine Flasche kanadischen Whisky. Ein bei Bootsführern beliebtes Ritual ist der Scotch-Drink mit echtem Gletschereis.

Manchmal gewinnt man fast den Eindruck, die vorbeitreibenden Eisberge seien von Künstlerhand geschaffen. Kein Wunder also, dass mancher Fassadenmaler, wie hier in Durrell, sich zur Nachahmung angeregt fühlt. oben und unten

Das Fischerdorf Prospect schmiegt sich an die buchtenreiche Küste von Nova Scotia.

Befestigungsanlagen errichteten die Franzosen im Jahr 1643 zum Schutz vor den Engländern.
Zu den einstigen Jagdgründen der Micmac-Indianer gehörte der fast kreisförmig abgesteckte *Kejimkujik National Park*, eine reizvolle Fluss- und Seenlandschaft.

Von Leuchtturm zu Leuchtturm. Der letzte Teil der Tour führt entlang der malerischen Lighthouse-Route. Die alte gewundene Küstenstraße, die sich an der zerklüfteten Südostküste der hummerförmigen Provinz bis nach Halifax zieht, erzwingt geradezu ein beschaulicheres Reisen. Die gemäch-

Ebenso wie die »Bluenose II« lief auch ihre Vorgängerin, die legendäre »Bluenose«, die in den 1920er- und 1930er-Jahren fast alle Regatten an der amerikanischen Ostküste gewann, in Lunenburg vom Stapel. rechts
Erinnerung an die französischen Vorfahren: In der wieder aufgebauten Fortress of Louisbourg National Historic Site Mitte zeigen sich die Frauen in bretonischer Tracht. unten

lich vorbeituckernden Fischkutter, die majestätischen Segelyachten und die auf den Wellen tanzenden nussschalengroßen Ruderboote mit Außenborder geben auch dem Autofahrer einen ruhigeren Takt vor. *Lunenburg* kommt in Sicht. Feuerrot leuchtet das Fisheries Museum of the Atlantic am kleinen Hafen der von Deutschen gegründeten Stadt. Kurze Zeit später kündigen drei exponierte Kirchtürme in der romantischen Mahone Bay den gleichnamigen Ort an. Die hübschen Fassaden der Holzhäuser müssen sich im Herbst die Aufmerksamkeit des Betrachters mit den riesigen Kürbissen teilen, die allerorten in rauen Mengen vor den Gemüseläden aufgetürmt sind.

Auf der anderen Seite der Mahone Bay lockt *Peggy's Cove*, ein Puppenstubendorf, dessen wenige bunte Holzhäuser sich um den kleinen Hafen auf vom Meer glatt gewaschenen Granitfelsen gruppieren. Ein beliebtes Motiv für Fotografen ist der rot-weiße Leuchtturm, der der Lighthouse Route ihren Namen gab. Die Stempel des im Innern des Turms eingerichteten Postamts sind nicht nur bei Philatelisten heiß begehrt.

Ins San Francisco des Nordens. Das (Kultur-) Leben von *Halifax*, der Hauptstadt von Nova Scotia, pulsiert vor allem rund um den zweitgrößten Naturhafen der Welt. Hier ankern mondäne Oceanliner neben Torpedobooten der kanadischen Marine, Ausflugsdampfer neben Fischkuttern. Die alten Lagerhäuser entlang der Waterfront wurden nach heftigen Bürgerprotesten in den achtziger Jahren des 20. Jahrhunderts nicht wie eigentlich geplant abgerissen, sondern liebevoll restauriert.

In die Historic Properties sind inzwischen schicke Meeresfrüchte-Restaurants, gemütliche Pubs und schmucke Boutiquen eingezogen. Halifax hat sich seinen Kleinstadt-Charme bis heute bewahrt. Die Hochhäuser in der City fallen zwei Nummern kleiner aus als die in Toronto oder Montréal, und die meisten Sehenswürdigkeiten sind bequem zu Fuß zu erreichen. Spaziergänger stellen schnell fest, dass Halifax wegen der vielen Brücken und steilen Straßen stark an San Francisco erinnert. Nicht ohne Stolz behauptet daher auch so mancher Bewohner im Brustton der Überzeugung, er lebe im »Frisco des Nordens«.

Nordamerikas frühesten Sonnenaufgang kann man am sturmumtosten Cape Spear bewundern. links

Das Wahrzeichen von Halifax: die Old Town Clock. oben

In der Zitadelle von Halifax, in der einst eine der schlagkräftigsten Garnisonen Großbritanniens patrouillierte, stellen heute Studenten den Soldatenalltag nach. unten

Planen und erleben ...

Vom Signal Hill hat man einen schönen Blick auf St. John's. oben
Im Freilichtmuseum von Louisbourg ist die Vergangenheit lebendig. Mitte
Ein schier endloses Asphaltband: der Trans Canada Highway bei Gander. unten

DIE HIGHLIGHTS

St. John's

Auf eine fast 400-jährige Geschichte kann die Hauptstadt der Provinz Neufundland zurückblicken. Zu den herausragenden Sehenswürdigkeiten gehören das Colonial Building, das im georgianischen Stil errichtete Commissariat House und die Signal Hill National Historic Site mit dem Cabot Tower. Einen guten Überblick über fast 9000 Jahre Geschichte und Kultur Neufundlands und Labradors bietet das Kunstzentrum »The Rooms«.

Gros Morne National Park

Der über 4600 Quadratkilometer große Nationalpark ist ein Dorado für Freizeitsportler. Auf zahlreichen Wander- und Trekkingrouten, aber auch mit einem Kajak kann man das wasserreiche Areal, in dem viele Tiere leben, erkunden.

Fortress of Louisbourg National Historic Site

Nicht nur die originalgetreu rekonstruierten Gebäude des Freilichtmuseums – vom Gouverneursquartier über Soldatenunterkünfte bis zum Fischerhaus – lassen die Geschichte des 18. Jahrhunderts lebendig werden.
Die Straßen der detailverliebt wieder aufgebauten Festungs- und Hafenstadt Louisbourg werden von zahlreichen Laienschauspielern gefüllt, die in historische Kostüme gekleidet Szenen aus jener Zeit nachspielen.

Cape Breton Highlands National Park

Der älteste Nationalpark der Atlantik-Provinzen erstreckt sich auf einer Fläche von 1000 Quadratkilometern. Er bietet einerseits herrliche Ausblicke auf Steilküsten und den Atlantik, andererseits reizvolle Wanderrouten ins Innere, etwa Trails zum Tal des Aspy River oder zu den Wasserfällen von Beulach Ban. Auskunft über Camping erteilt die Parkverwaltung in Cheticamp und Ingonish.

Kejimkujik National Park

Der etwa 400 Quadratkilometer große Park, im Landesinnern zwischen Liverpool und Annapolis Royal gelegen, ist berühmt für seine teilweise seltenen Tierarten, wie zum Beispiel Kragenhühner oder Blandings-Schildkröten. Nur der kleinere Teil des Parks kann mit dem Auto befahren werden. Wer tiefer in die Natur eindringen will – etwa zum Kejimkujik Lake –, ist auf Kanus oder Schusters Rappen angewiesen. Der größte Campingplatz liegt an der Jeremy's Bay (Kejimkujik Lake). Infos über den Park erhält man am Eingang im Visitor Centre an der Maitland Bridge. (www.pc.gc.ca)

Halifax

Das kulturelle und wirtschaftliche Zentrum von Nova Scotia besitzt einen ganz eigenen Charme. Einerseits präsentiert sich Halifax als weltoffene moderne Stadt, andererseits ist in den Straßen das historische

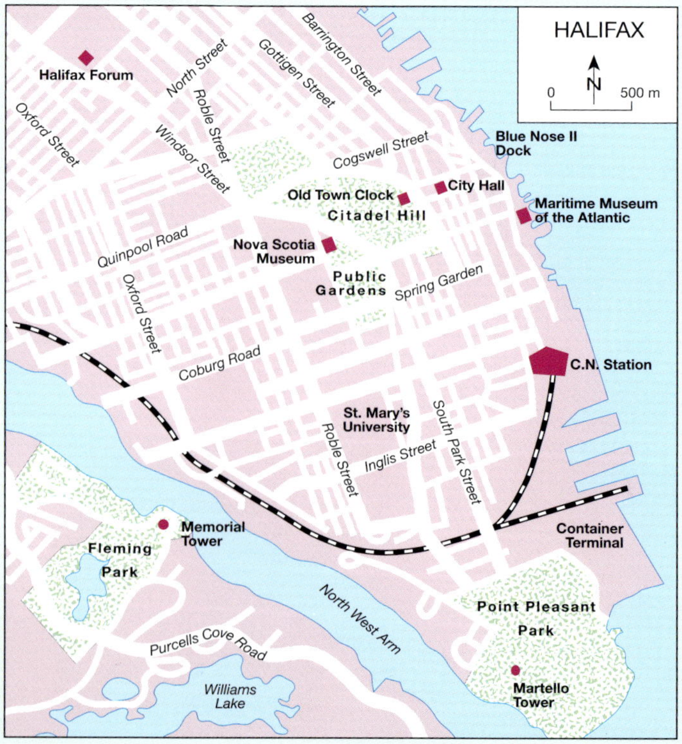

Die wahren Entdecker Amerikas

Die Spuren der ersten europäischen Siedler Nordamerikas wurden an der Nordspitze von Newfoundland entdeckt. Den Anstoß zur Erforschung gab das norwegische Ehepaar Ingstad Anfang der sechziger Jahre des 20. Jahrhunderts. Es wollte dem Wahrheitsgehalt skandinavischer Legenden auf den Grund gehen, nach denen um das Jahr 1000 der Wikinger Leif Erikson und seine 35 Männer an der Küste von Newfoundland gelandet waren. Die rauen Gesellen errichteten in der Folgezeit eine feste Ansiedlung.
Unter Leitung des Ehepaars Ingstad grub ein internationales Archäologenteam bei L'Anse aux Meadows Mauerreste, Überbleibsel von Torfhäusern und Werkstätten aus. Den entscheidenden Hinweis hatten die norwegischen Wissenschaftler von einem ortsansässigen Fischer erhalten, der die Siedlung ursprünglich für ein altes Indianer-Camp der Beothuck gehalten hatte. Mit großem Aufwand wurde die Siedlung – inzwischen Weltkulturerbe der UNESCO – restauriert. Ob sie allerdings mit dem »Vinland« der alten Sagas identisch ist, darüber streiten die Forscher bis heute.

Flair noch spürbar. Zu den Anziehungspunkten gehören die Citadel, eine 1856 sternförmig angelegte Festung, das im viktorianischen Stil errichtete Sandsteingebäude Province House, in dem das Parlament von Nova Scotia tagt, der älteste Stadtfriedhof Old Burying Ground und das architektonische Juwel der St. Paul's Anglican Church, eine 250 Jahre alte Holzkirche. Im Hafenviertel zieht neben den Historic Properties das Maritime Museum of the Atlantic das Besucherinteresse auf sich. Zahlreiche Schiffe und Schiffsmodelle dokumentieren hier die Entwicklung der Seefahrt.

ON THE ROAD

Auf Kanadas Straßen herrscht Rechtsverkehr. Die Geschwindigkeitsbegrenzung liegt bei 100 Stundenkilometern auf Highways und 80 Stundenkilometern auf Landstraßen – Vorsicht: Geschwindigkeitsüberschreitungen werden scharf geahndet. Bevor man losfährt, sollte man die Route genau studieren, denn die Highway-Ausfahrten sind – wie in den USA – durch Nummern und nicht durch Ortsnamen gekennzeichnet. Auf Schotterstraßen ist erhöhte Aufmerksamkeit geboten, man muss mit Schlaglöchern, Bodenwellen und Frostaufbrüchen rechnen. Die Promillegrenze liegt zwar landesweit bei 0,8 ‰, – in Neufundland und New Brunswick sogar bei 0,5 ‰ – auf Alkohol am Steuer sollte man als Ausländer aber grundsätzlich verzichten.

Rent a car

Wer ein Auto oder Wohnmobil leihen möchte, sollte dies vor Reiseantritt tun, denn besonders im Lauf der Hochsaison kann es zu Engpässen kommen. Wer vor Ort einen Wagen reservieren will, muss eine Kreditkarte vorlegen oder eine Kaution entrichten. Manche Leihfirmen akzeptieren kein Bargeld, sondern nur die Plastikkarte.

Souvenirs

Newfoundland ist berühmt für handgestrickte, mollig warme Winterpullover aus Schafswolle, die in vielerlei ausgefallenen Mustern angeboten werden.
In den Küstenstädten kommen passionierte Petrijünger auf ihre Kosten: Sie können hier ihre Angelausrüstung um allerlei Stücke ergänzen.
Inuit Art, Eskimo-Kunst, sollte man nur in speziellen Inuit Art Galleries kaufen, die es in jeder größeren Stadt gibt, denn nur dort kann man sicher sein, dass es sich bei den Objekten tatsächlich um Originale und nicht nur um wertlose Kopien handelt.

Entfernungen

km	**St. John's**	934
	321 km	
56	**Gander**	613
	56 km	
377	**Lewisporte**	557
	272 km	
649	**Deer Lake**	285
	56 km	
705	**Corner Brook**	229
	229 km	
934	**Channel-Port-aux-Basques**	km
	Fähre	
km	**N. Sydney**	951
	125 km	
125	**Margaree Harbour**	826
	184 km	
309	**Antigonish**	642
	367 km	
676	**Annapolis Royal**	275
	179 km	
855	**Lunenburg**	96
	96 km	
951	**Halifax**	km

Er weist den Schiffen den Weg: Leuchtturm am Cape Spear. links oben
Schnappschuss gefällig? Ein Soldat vor der Zitadelle in Halifax. Mitte
Beim Fahren ist Vorsicht geboten: Elche können überall und jederzeit auftauchen. unten

Route 2
Von Québec City nach Halifax

Französisches Flair in Québec City, wilde Natur auf der Halbinsel Gaspé und kulinarische Leckerbissen an der Küste von New Brunswick: Auf einer Fahrt durch die Atlantik-Provinzen zeigt sich der Osten von seiner schönsten Seite.

Wahrzeichen von Québec City und zugleich erstes Hotel am Platz: das Château Frontenac aus dem 19. Jahrhundert.

In der Einsamkeit des Ostens

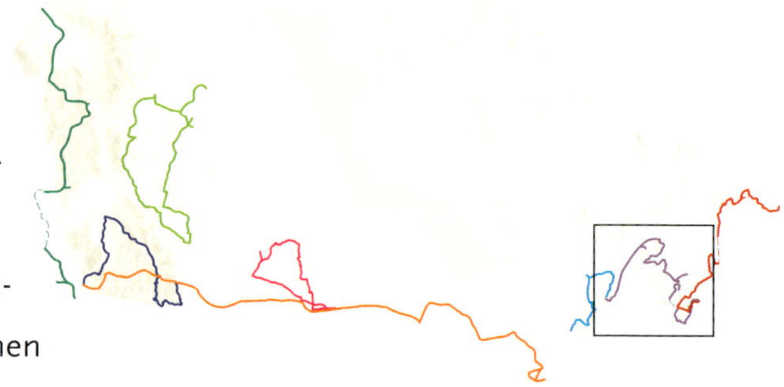

Ob man am zerklüfteten Ufer des St.-Lorenz-Stroms entlangfährt, die raue Küste der Halbinsel Gaspé erkundet, das fruchtbare Prince Edward Island umrundet oder die spektakulären Gezeitenwechsel in der Bay of Fundy bestaunt: Mit seinen einzigartigen Naturschauspielen und seiner außergewöhnlichen landschaftlichen Vielfalt schlägt der Osten Kanadas jeden in seinen Bann.

Spätestens bei einem Bummel durch die Rue du Trésor, in der sich Maler- und Bouquinistenstände aneinander reihen, fühlt sich jeder Québec-Besucher an Paris erinnert. Wer möchte, kann sich in dieser »Freiluftgalerie« auch porträtieren lassen.

Obwohl sich die Bewohner von Québec City gern typisch französisch geben, scheint die Stadt an manchen Tagen fest in amerikanischer Hand zu sein. Kein Wunder, bietet sie doch den Nordamerikanern, denen eine Reise nach Europa zu anstrengend oder zu teuer ist, all das, was »Good Old Europe« so liebenswert macht: alte, geduckte Steinhäuser, verwinkelte, kopfsteingepflasterte Gassen und sogar eine fast vollständig erhaltene Stadtmauer, die einzige ihrer Art in Nordamerika.
Den vielleicht schönsten Blick auf die Stadt am St.-Lorenz-Strom hat man von der Terrasse Dufferin. Die fast einen halben Kilometer lange Promenade gilt als der schönste Laufsteg Kanadas, hier trifft sich »tout Québec« zu jeder Tages- und Nachtzeit. Vom Château Frontenac, das sich an der Terrasse Dufferin trutzig erhebt und heute ein Luxushotel beherbergt, kann man mit der Funiculaire, einer historischen, kleinen Bahn, von der Oberstadt (Haute-Ville) in die Unterstadt (Basse-Ville) fahren. Am späten Nachmittag verlagert sich das fast mediterran heitere Treiben in die Gegend um die Rue du Petit-Champlain, wo Straßenmusiker und Gaukler die Besucher unterhalten, die durch die engen Gassen bummeln. Wer eine Verschnaufpause nötig hat, landet früher oder später garantiert in einem der netten Cafés, um einen »café au lait« zu genießen. Der frühere Parade- und Exerzierplatz vor dem Château Frontenac ist der zweite Treffpunkt von Einheimischen und Touristen; auch hier beherrschen Künstler und Musikanten die Szenerie. Beinahe an den Pariser Montmartre erinnert die kaum 3 Meter breite Gasse Rue du Trésor, unter deren Markisen Maler und Zeichner ihre Bilder feilbieten. Zu einer Stadt, die so stark von (und mit) ihrer Geschichte lebt wie Québec, passt nichts besser als eine Fahrt mit der Pferdekutsche. Bei so viel nostalgischer Idylle vergisst man leicht, dass Québec jahrhundertelang Schauplatz blutiger Auseinandersetzungen zwischen Indianern, Franzosen und Engländern war.

Durch die »Belle Province«. Frühestens Anfang Mai sollte man sich von Québec City auf den Weg in die Gaspésie (Halbinsel Gaspé) machen, denn bis dahin muss man durchaus damit rechnen, in meterhohen Schneeverwehungen stecken zu bleiben und eine kalte und ungemütliche Nacht im Auto zu verbringen.
Das erste Etappenziel heißt *Montmagny*, ein Ort, der Ornithologen auf der ganzen Welt ein Begriff ist. Hier nisten alljährlich Tausende von Schneegänsen und viele weitere Vogelarten. Der St.-Lorenz-Strom, der in Québec City noch recht beschaulich

Nach gemütlichen Kneipen und Cafés muss man in den steilen Altstadtgassen von Québec City nicht lange suchen.

Auf der dünn besiedelten Halbinsel Gaspé fühlt man sich fast wie am Ende der Welt. oben
Der St.-Lorenz-Strom ist die Hauptverkehrsader Ostkanadas. Mitte
Blick auf die Manège Militaire und den Place George V. in Québec City. unten

wirkt, ist inzwischen zu beachtlicher Breite angeschwollen: Fast 12 Kilometer sind es von Ufer zu Ufer. Während man an der Küste entlangfährt, fällt der Blick immer wieder auf kleine und große Inseln, die in dem majestätischen Fluss liegen. Sie stehen zum großen Teil unter Naturschutz, so auch die Eilande, die *Rivière-du-Loup*, einem Verkehrsknotenpunkt der Halbinsel Gaspé, vorgelagert sind. Die kleinen Inseln, auf denen Papageientaucher, Kormorane und Robben leben, gehören einer Gruppe von engagierten Biologen und Umweltschützern. Ein Besuch der Inseln auf eigene Faust ist nicht erlaubt, aber in Rivière-du-Loup kann man ein- oder mehrtägige Exkursionen zu den Naturschutzgebieten buchen. Wer etwas Glück hat, begegnet während der Überfahrt weißen Belugawalen. Über Trois-Pistoles und Bic kommt man nach *Rimouski*, das Versorgungs- und Verkehrszentrum der Region. Freunde der Seefahrtsgeschichte sollten dem im nahegelegenen Örtchen Pointe-au-Père in einem Leuchtturm eingerichteten Musée de la Mer einen Besuch abstatten, der den Untergang der »Empress of Ireland« dokumentiert. 1914 sank das Schwesterschiff der »Titanic« vor der Küste, nachdem es mit einem norwegischen Frachter kollidiert war.

Zwischen Strom und Felsen. Je weiter man auf die Halbinsel Gaspé vordringt, desto steiler fallen die Ufer zum St.-Lorenz-Strom ab, die Monts Chic-Choc, die Ausläufer der nordamerikanischen Appalachen in Québec, rücken immer näher an die Küste heran. Die Klippen werden höher und schroffer, der Fluss wird breiter und gezeitenabhängiger. Strom und Steilküste zwingen die Bewohner der Dörfer zu Platz sparender Bauweise: Stellenweise bleibt nur ein schmaler Streifen für Straße und Häuser.
Von Ste.-Anne-des-Monts kann man einen Abstecher ins Landesinnere unternehmen, der durch enge Täler zum *Parc de la Gaspésie* führt. Hier erhebt sich Ostkanadas höchster Berg, der Mont Jacques-Cartier (1268 Meter). Berühmt ist der nur knapp 800 Quadratkilometer große Park aber für seine landschaftliche Vielfalt: Verschiedene

»Der Eindruck, den dieses Gibraltar des Nordens (Québec) auf den Besucher macht – die schwindelnden Höhen, die Zitadelle, die in der Luft zu schweben scheint, die malerischen Straßen und die großartige Aussicht, die sich dem Auge immer wieder bietet – all dies ist einzigartig und unvergesslich.«
Charles Dickens, 1812–1870

Holzskulpturen im Centre d'Art Marcel Cagnon bei Ste.-Flavie. oben

Der Lac aux Américains im Parc de la Gaspésie. links

Auf der Halbinsel Gaspé führt die Natur Regie: der wuchtige Felsen Rocher Percé rechts und eine Basstölpelkolonie auf der Île de Bonaventure unten.
Nach der Entdeckungsreise findet man in einem der gemütlichen Motels Unterkunft. oben

Vegetations- und Klimazonen liegen hier auf engstem Raum beieinander, so dass sich alle drei heimischen Huftierarten, Karibu, Elch und Rotwild, denselben Lebensraum teilen.
Die Fahrt von Ste.-Anne-des-Monts ins Mündungsgebiet des St.-Lorenz-Stroms zählt zweifellos zu den reizvollsten Autorouten im Osten Kanadas. Eng windet sich die schmale Straße an den Felsen entlang, vorbei an kleinen Fischerdörfern, wie Grand Vallée oder La Martre mit seinem knallroten Leuchtturm, zum *Parc national de Forillon*. Der knapp 250 Quadratkilometer große Park erstreckt sich an der Spitze der Halbinsel Gaspé. Zahlreiche Wanderwege ziehen sich durch das Areal; einer der schönsten führt zum Cap Gaspé, an dem die Gebirgskette der Chic-Chocs abrupt in steil abfallenden Kreideklippen ihr Ende findet.
Das nahe gelegene *Gaspé*, die größte Stadt der Halbinsel, hat an Sehenswürdigkeiten nicht allzu viel zu bieten, doch es besitzt historische Bedeutung: Hier nahm 1534 der Entdecker und Seefahrer Jacques Cartier das neue Land für die französische Krone in Besitz.
Nachdem Pointe-St.-Pierre durchfahren ist, erklimmt die Straße einen letzten Hügel, bevor es steil hinab geht in das vom Tourismus geprägte Fischernest *Percé*. Bereits von der letzten Anhöhe aus kann man den berühmten Felsblock Rocher Percé ausmachen – für die meisten Besucher bildet er die Hauptattraktion des Ortes. Der mächti-

ge Brocken ist fast 440 Meter lang und 90 Meter hoch; im Lauf der Zeit haben Wind und Wetter ganze Arbeit geleistet und ein 30 Meter großes Felstor gegraben. Über einen schmalen Kiesstreifen kann man bei Ebbe zu dem Kalkstein-Klotz hinüber wandern und den Monolithen aus der Nähe betrachten. Im Hafen legen Boote zur Vogelschutzinsel *Bonaventure* ab. Auf markierten Wanderwegen erreicht man die 100 Meter hohen Klippen, in denen Zehntausende von Seevögeln, vor allem Basstölpel, Papageientaucher und Möwen, nisten und brüten.

Im Land der Akadier. Am Südrand der Halbinsel wird der Küstenstreifen breiter und die Landschaft lieblicher. Felder und Wiesen, eingerahmt von sanften Hügeln, bestimmen das Bild. Auch das Klima wird merklich milder. Das idyllische Städtchen *Bonaventure* verdankt seinen Namen einem Schiff, mit dem sich ein französischer Abenteurer im Jahr 1591 in die Baie des Chaleurs wagte. Wer sich für die Kultur der akadischen Siedler interessiert, sollte im Ort das Musée Acadien du Québec besuchen.
In Matapédia überquert man die Grenze nach New Brunswick, Kanadas einziger Provinz, die offiziell zweisprachig ist. Vorbei an Bathurst, einer quirligen Hafen- und Industriestadt, führt der Weg auf der Panoramastraße Acadian Coastal Drive weiter nach *Caraquet*, eine der ältesten französischen Siedlungen der gesamten

Als wahre Flugkünstler gelten die majestätisch durch die Lüfte segelnden Basstölpel. Den Namen verdanken die Seevögel ihrem Landestil, der alles andere als elegant ist. oben
Die kleinen Motels, die es vielerorts auf der Halbinsel Gaspé gibt, sind zwar einfach, aber komfortabel. unten

An der Küste von New Brunswick ist die akadische Vergangenheit noch immer präsent: im Museumsdorf Village Historique Acadien in der Nähe von Caraquet. oben und unten

Viele Wasservögel wählen die Salzwassermarschen und Lagunen des Kouchibouguac National Park am St.-Lorenz-Golf als Brutrevier. rechts

Provinz. Bei klarer Sicht kann man deutlich die Küstenlinie der Gaspé-Halbinsel auf der anderen Seite der Baie des Chaleurs ausmachen. Das Städtchen, dessen Bewohner hauptsächlich von der Verarbeitung von Hummern und Krebsen leben, gilt als wichtigstes kulturelles Zentrum der Akadierküste.
Neben dem sehenswerten Musée Acadien, das die Geschichte der Akadier in New Brunswick dokumentiert, lohnt auch ein Besuch im nahe gelegenen Museumsdorf Village Historique Acadien. Laiendarsteller in historischen Kostümen lassen hier den Siedleralltag zwischen 1780 und 1890 lebendig werden.

Dünen, Lagunen, Marschgebiete, Moore und dichte Wälder machen das Areal zu einem idealen Revier für Freizeitaktivitäten aller Art.
Zu den Sehenswürdigkeiten von *Shediac* gehört eine riesige Hummerskulptur, immerhin nimmt die Stadt für sich in Anspruch, die »Welthauptstadt des Hummers« zu sein. So verwundert es auch nicht, dass hier jedes Jahr im Juli ein Lobster Festival stattfindet.

Nach Prince Edward Island. Über die Northumberland Strait führt die pompöse, 13 Kilometer lange Confederation Bridge, die erst 1997 eingeweiht wurde, in die

Lobster Trail wird der Highway 11, der von der Baie des Chaleurs entlang der Küste bis nach Moncton verläuft, hier genannt – und mit Recht: Überall in dieser Gegend wird Atlantik-Hummer gefangen und in den kleinen Meeresfrüchterestaurants oder direkt beim Fischer zu durchaus erschwinglichen Preisen angeboten.
Einen Stopp sollte man am *Kouchibouguac National Park* einlegen, der im Mündungsgebiet mehrerer Flüsse liegt. Das etwa 250 Quadratkilometer große Natur- und Vogelschutzgebiet besticht durch seine landschaftliche Vielfalt: Breite Sandstrände,

kleinste kanadische Provinz. Charlottetown, die etwas verschlafen wirkende Hauptstadt von Prince Edward Island, überrascht mit ihrem ländlichen Charme, den großzügigen Grünanlagen und gepflegten Villen. Das 1847 im georgianischen Stil erbaute Province House in der Palmers Lane ging in die Geschichte ein, weil hier 1864 von Vertretern aller Atlantik-Provinzen beschlossen wurde, einen politischen Zusammenschluss vorzubereiten. Ganz in der Nähe von Charlottetown liegt das Fort Amherst Port La Joye. Diese Anlage erinnert Fortsetzung Seite 54

Windzerzauste Strände und oft eine schier endlose Einsamkeit sind die Wegbegleiter an der Küste von New Brunswick. oben und unten
Den Sonnenuntergang am Risser's Beach in Nova Scotia kann man bei Ebbe auch vom Auto aus erleben. links

Unterwegs in New Brunswick auf dem Highway 955 im beginnenden Indian Summer.

Kulinarisches aus der Region: Fangfrisch auf den Tisch

Zugegeben: Beim Stichwort Ostkanada denkt man nicht sofort an kulinarische Genüsse. Dabei ist die regionale Küche vor allem geprägt durch Fisch und andere Köstlichkeiten des Meeres. Kein Wunder, denn das zweitgrößte Land der Erde verfügt über mehr als 20 000 Kilometer Küsten und mehrere hunderttausend Seen. Allein die Fläche der Binnengewässer ist mehr als doppelt so groß wie Deutschland. Zu den Delikatessen zählt kanadischer Wildlachs. Einige Flüsse – wie der Miramichi River in New Brunswick – gelten unter Petrijüngern als weltweit beste Salm-Gründe. Und dass ein fangfrischer gegrillter Wildlachs dem tiefgefrorenen Zuchtlachs deutscher Supermärkte in punkto Geschmack haushoch überlegen ist, versteht sich von selbst. Eine recht preiswerte Spezialität ist der Atlantik-Hummer (Lobster), der auf alle möglichen Arten serviert wird. In den Sommermonaten, der Hauptsaison, finden überall in den Atlantik-Provinzen so genannte Hummer-Festivals statt, touristische Attraktionen, bei denen Köche ihrer Kreativität freien Lauf lassen und es Hummer »satt« gibt. Eine Variante, die auf keiner Speisekarte fehlen darf, ist »chowder«, eine sämige Fischsuppe, die mit frischen Muscheln verfeinert wird. Gourmets schnalzen genüsslich mit der Zunge, wenn sie den Namen Malpeque hören. Eine der köstlichsten Austernarten kommt aus der gleichnamigen Bucht, die sich östlich von Summerside in Kanadas kleinster Provinz Prince Edward Island erstreckt. Der Ort Malpeque geht auf eine Gründung der Micmac-Indianer zurück. In großen Zuchtparks wachsen die Tiere zwei bis vier Jahre bis zur »Marktreife«. Jährlich vier bis fünf Millionen Austern werden aus dem Meer geholt und großenteils für den Export versandfertig gemacht. Ebenfalls von hervorragender Qualität sind die »scallops«, die, in Weißwein gedünstet oder gebraten, einfach köstlich munden. Bekannt dafür ist das Fischerdorf Digby in Nova Scotia.

Hummerpicknick rundes Bild; im Village Historique Acadien wird gezeigt, wie vor 100 Jahren Fisch eingesalzen wurde. oben Groß ist das Angebot an Fisch im Old City Market von Saint John. unten Lobster wird in Holzreusen gefangen. Mitte

Der braune Saft aus den Bäumen

Über einen Exportschlager Kanadas weiß man im Ausland eher wenig: den Maple Sirup. Vor allem der Provinz Québec kommt hier eine Vorreiterrolle zu, werden doch dort fast 90 Prozent der kanadischen und zwei Drittel der Weltproduktion hergestellt. In »klebrigen« Zahlen ausgedrückt: Gut 9,5 Millionen Liter Sirup gewinnt man in der Provinz pro Saison. In der Übergangszeit vom Winter zum Frühling, wenn die Nächte nicht mehr so klirrend kalt und die Tage von Tauwetter bestimmt sind, schwärmen die Produzenten in ihre in den tiefen Wäldern gelegenen »cabanes à sucre«, den Zuckerhütten, aus, zapfen die mächtigen Ahornbäume der Umgebung mit ausgeklügelter Schlauch-Technik an und lassen den braunen Saft in bereitgestellte Eimer rinnen. In großen Bottichen wird dieser über offenem Feuer aufgekocht, bis er eindickt. Hat der Sirup die richtige Konsistenz erreicht, wird er auf Flaschen gezogen oder zu anderen Produkten wie zum Beispiel Bonbons weiterverarbeitet. Da die Herstellung aufwendig ist, kostet Original-Ahornsirup entsprechend viel.

Die Austern werden sorgfältig kontrolliert, bevor sie verschifft werden. oben
Werbung ist das halbe Geschäft: dekoratives Schild eines Fischladens. Mitte
Ein delikates Hummermenü. unten
Kutter im Hafen von Caraquet. großes Bild

Auf Prince Edward Island: Elephant Rocks beim Cape North oben, in Charlottetown unten. Bei Ebbe ragen die bizarren Flowerpot Rocks im Rocks Provincial Park bis zu 15 Meter aus dem Meer auf. großes Bild

an die ersten französischen Siedler, die sich im Jahr 1720 auf dem Eiland niederließen.
Bei einer Insel-Rundfahrt lernt man die charakteristische Landschaft der Provinz kennen: Der äußerst fruchtbare Boden ist aufgrund seines hohen Eisengehalts rostrot gefärbt, sanfte Hügel lassen Raum für ausgedehnte Wiesen- und Ackerflächen.

Im Wechsel der Gezeiten. Zurück auf dem Festland, bietet sich ein Abstecher nach *Moncton* ins Landesinnere an. Hauptattraktion der zweitgrößten Stadt von New Brunswick ist die »tidal bore«, die Flutwelle des Petitcodiac River, die durch den extremen Gezeitenwechsel in der Bay of Fundy verursacht wird. Während der Fluss bei Ebbe nur ein sehr bescheidenes Rinnsal ist, schwillt er bei Flut zu einem mächtigen Strom an. Dieses Schauspiel lässt sich am besten vom Boreview Parc aus beobachten.
An der Küste im *Rocks Provincial Park* haben die unermüdlichen Gezeiten die Flowerpot Rocks ausgewaschen, bizarre Felsformationen, die an überdimensionale Blumentöpfe erinnern. Im *Fundy National Park*, den man vom Fischerdorf Alma erreicht, kann man ebenfalls die Auswir-

kungen von Ebbe und Flut beobachten. Der gewaltige Tidenhub lässt die 15 Kilometer lange Küstenlinie des Parks mit ihren hohen Klippen und tiefen Schluchten höchst unterschiedlich geformt und vielfältig erscheinen. Reizvoll präsentiert sich auch die Landseite: Zahlreiche Wanderrouten führen durch malerische Wälder und Flusstäler.

Auf dem Highway 1 gelangt man nach *Saint John*, das an der Mündung des gleichnamigen Flusses in die Bay of Fundy liegt. Unvergessen sind bis heute die Tage, als hier der Holzhandel und Schiffbau florierten, was der Stadt den Namen »Liverpool Amerikas« eintrug.

Neben zahlreichen historischen Gebäuden gehört das tägliche Naturschauspiel an den Reversing Falls Rapids zu den Hauptattraktionen von Saint John: Wenn die Flut den Wasserstand in der Bay höher steigen lässt als den des Saint John River, ergießt sich das Meerwasser in den Fluss, der dadurch mit gewaltiger Kraft rückwärts gedrängt wird. Erst bei einsetzender Ebbe strömt der Saint John dann wieder dem Atlantik entgegen.

Nach Neu-Schottland. Mit der Autofähre kann man über die an dieser Stelle etwa 100 Kilometer breite Bay of Fundy dreimal täglich nach *Digby* in Nova Scotia übersetzen. Was der Hummer für Shediac, sind edle Jakobsmuscheln für Digby. Jedes Jahr im August strömen Besucher aus aller Welt zu den Scallop Days. Sie haben nur eines im Sinn: die mit dem Fest verbundenen ausgiebigen Muschel-Schlemmereien in dem Städtchen zu genießen.

Der Highway 101 nach Yarmouth führt entlang der Westküste. In *Yarmouth* treffen sich die Lighthouse Route und der Evangeline Trail, zwei der drei großen Panoramarouten Nova Scotias. Besonders betriebsam geht es am Hafen zu, bietet das Städtchen doch von Mai bis Oktober Fährverbindungen nach Portland und Bar Harbour in den USA. Über den Highway 103 erreicht man schließlich Halifax, die größte Stadt der Atlantik-Provinzen (siehe Seite 37 f.), wo unsere Reise langsam ausklingen wird.

»Neptune Motel« in Shediac. oben

Der Markt von Saint John findet bis heute in den Lagerhallen aus dem 19. Jahrhundert statt. Mitte

Ein letzter Blick auf Saint John, bevor die Fähre Kurs nimmt auf Digby in der Provinz Nova Scotia. unten

Planen und erleben ...

Unerschütterlich hält der Rocher Percé den Wogen des Atlantiks stand. oben
Über die Confederation Bridge erreicht man Prince Edward Island. Mitte
Ein Muss für Ornithologen: der Besuch der Île de Bonaventure. unten

DIE HIGHLIGHTS

Québec City

Die Geschichte der Stadt reicht bis ins 17. Jahrhundert zurück. 1608 gründete der Seefahrer und Kartograph Samuel de Champlain an der Stelle, die von den Algonquin-Indianern »kebec« (wo der Fluss enger wird) genannt wurde, das Fort Habitation de Québec.
In keiner Stadt des Landes ist die Vergangenheit noch so lebendig, konzentriert sich heute auf engstem Raum so viel Historisches wie in Québec City. Kein Wunder, dass die UNESCO die Altstadt (Vieux-Québec), die sich in die Oberstadt (Haute-Ville) und die Unterstadt (Basse-Ville) teilt, im Jahr 1985 zum Weltkulturerbe erklärt hat. Als Wahrzeichen überragt das vieltürmige Château Frontenac majestätisch die Oberstadt. Zu den Hauptsehenswürdigkeiten der Altstadt zählen die im Barockstil errichtete Basilique Notre-Dame-de-Québec, die Maison Jacquet, das älteste erhaltene Haus der Stadt (das heute ein beliebtes Restaurant mit regionaler Küche beherbergt), die sternförmige Zitadelle (erbaut 1820–1832) und das 1877 errichtete Hôtel du Parlement, das der Sitz der Regierung der Provinz Québec ist.

Parc de la Gaspésie

Der relativ kleine Nationalpark steht in der Gunst der Outdoor-Fans ganz oben. Wer Trekkingtouren durch die wilde Bergwelt rund um den höchsten Gipfel Québecs, den 1268 Meter hohen Mont Jacques-Cartier unternimmt, begegnet mit ein wenig Glück Elchen und Karibus. Das Hotel »Auberge-Gîte du Mont Albert« eignet sich als »Basislager«.

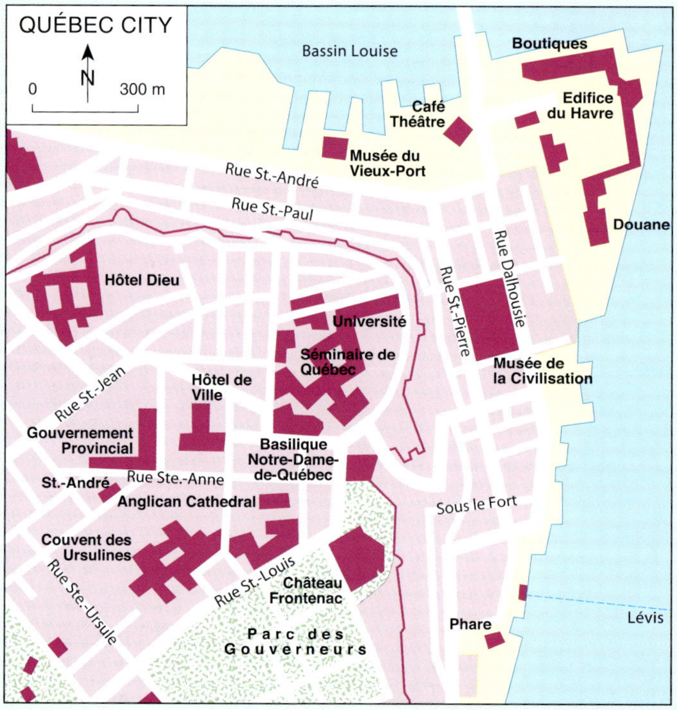

Parc National de Forillon

Ein Erlebnis für Tierfreunde ist der auf der Halbinsel Gaspé gelegene Park, denn hier leben nicht nur Schwarzbären, Elche und Biber, an der Küste sind auch Robben, Wale und Seevögel zu beobachten. Im Nationalpark wurde eine Reihe guter Campingplätze eingerichtet (etwa Cap-Bon-Ami und Petit-Gaspé), so dass auch ein mehrtägiger Aufenthalt möglich ist. Wer möchte, kann sich vor Ort eine Tauchausrüstung leihen. Es lohnt sich, denn an den Klippen gibt es hervorragende Unterwasserreviere.

Percé

Percé ist nicht nur wegen des Felsblocks Rocher Percé einen Besuch wert. Der Fischerort mit seinen im Hafen dümpeln den Kuttern hat nostalgisches Flair, obwohl sich hier viele Touristen drängen. Und die Restaurants gehören wohl zu den besten auf der Halbinsel Gaspé.

Saint John

Obwohl sich Saint John mittlerweile in eine moderne Hafen- und Industriestadt verwandelt hat, konnte es sein historisches Ambiente bis heute bewahren. Zahlreiche mächtige Backsteingebäude aus dem 19. Jahrhundert sind noch erhalten, und die alten Lagerhäuser an der Waterfront wurden sorg-

Südliche Lebenslust im hohen Norden

Zwar liegt Québec City mehrere Monate im Jahr unter dichten Schneepolstern bei manchmal minus 40 Grad Celsius, dennoch (oder gerade deshalb) verstehen es die Bewohner, kräftig und bisweilen mit südländischer Lebenslust zu feiern. So etwa am ersten Donnerstag im Februar, an dem seit über hundert Jahren der Karneval mit der Ankunft des »Bonhomme Carnaval«, eines riesigen Schneemanns, eingeläutet wird. Das fröhliche, ausgelassene Treiben dauert zehn Tage. Zu den »eisigen« Vergnügungen gehören Eislaufwettbewerbe genauso wie Eisskulptur-Präsentationen bekannter Künstler und Schlittenhunderennen. Für die 500 000 Besucher wohl einer der Höhepunkte ist jedoch das Bad der besonders Abgehärteten in den eisigen Fluten des St.-Lorenz-Stroms. Und als krönenden Abschluss gibt es jedes Jahr ein gigantisches Feuerwerk.
Im nahe gelegenen Plessisville feiert man jeden April das Ahornsirup-Festival, bei dem Leckereien rund um den klebrigen braunen Saft angeboten werden.
Mitte bis Ende Juli treffen sich Künstler und Straßenmusikanten aus aller Welt in Québec City zum »Festival d'été international de Québec«. Professionelle Künstler und solche, die es werden wollen, treten dann nicht nur auf den Bühnen auf, sondern nutzen das Treffen auch als Erfahrungsaustausch.

fältig restauriert. Cafés, Restaurants und Geschäfte haben hier ein Domizil gefunden. Ein Bummel durch die King Street führt zum Market Square, einem ehemaligen Lagerhallenkomplex, der unter anderem das New Brunswick Museum beherbergt, und zu Barbour's General Store, der noch das Warenangebot von 1860 präsentiert.
Ältestes Gebäude der Stadt ist das Loyalist House (1810–1817) in der Germain Street. Dieses ist eines der wenigen Häuser, die vom verheerenden Brand, der einen großen Teil der Stadt 1877 in Schutt und Asche legte, verschont blieb.

ON THE ROAD

Wer sich mit dem Auto in Kanadas Städten bewegt, sollte folgende Verkehrsregeln kennen: Man darf an Schulbussen, die an Haltestellen stehen, auf keinen Fall vorbeifahren. Auch entgegenkommende Wagen dürfen die Stelle nicht passieren, um die aussteigenden Kinder nicht zu gefährden. Außer in Québec ist, wie auch in einigen Staaten der USA, das Rechtsabbiegen an roten Ampeln erlaubt, sofern es nicht durch ein entsprechendes Verkehrsschild verboten wird (»No right turn on red light«). Dass man dabei die Vorfahrtsregeln beachten muss, versteht sich von selbst.

Souvenirs

Auf der Fahrt von Québec City nach Rivière-du-Loup sollte man einen Stopp in St.-Jean-Port-Joli einlegen, um in den Galerien und kunsthandwerklichen Betrieben nach Töpferwaren, Holzschnitz-Arbeiten und handgestrickten Pullovern Ausschau zu halten. Fündig wird man ganz bestimmt.

Reisezeit und Klima

Die »klassische« Reisezeit für den Osten Kanadas sind die Sommermonate. Immer populärer wird seit einigen Jahren aber der Spätherbst. Im so genannten Indian Summer färbt sich das Laub der Wälder intensiv und leuchtet in glühenden Gelb- und Rottönen, die Nordamerikaner nennen dieses Naturschauspiel »Foliage«. Auch wenn man im Sommer, wo es vor allem im Juli und August sehr heiß werden kann, durch das Land fährt, sollte man gewappnet sein: Regenjacke und Pullover gehören ins Gepäck, da man immer mit einem Wetterumschwung rechnen muss.

Entfernungen

km	Québec City	2000
	117 km	
117	St.-Jean-Port-Joli	1883
	197 km	
314	Rimouski	1686
	181 km	
495	Ste.-Anne-des-Monts	1505
	243 km	
738	Gaspé	1262
	464 km	
1202	Bathurst	798
	211 km	
1413	Shediac	587
	185 km	
1598	Charlottetown	402
	271 km	
1869	Alma	131
	131 km	
2000	Saint John	km
	Fähre	
km	Digby	421
	104 km	
104	Yarmouth	317
	317 km	
421	Halifax	km

Markanter Blickfang am Market Square in Saint John ist der weiße Leuchtturm. links oben
Im Maritime Museum of the Atlantic in Halifax. Mitte
Lebendige Vergangenheit: Le Village Historique Acadien. unten

Route 3

Von Ottawa nach Québec City

Ob im beschaulichen Ottawa, im quirligen Montréal, im charmanten Québec oder in den idyllischen Dörfern der Provinz: Nirgendwo sonst in Kanada sind die europäischen Einflüsse so deutlich spürbar wie entlang des mächtigen St.-Lorenz-Stroms.

Metropole im Morgenlicht: Vom Mont Royal bietet sich ein eindrucksvoller Blick auf die Skyline von Montréal.

Stille Wälder, stolze Städte

Steile Klippen, malerische Fischerdörfer, kleine Künstlerkolonien: Rund um den St.-Lorenz-Strom schlägt das französische Herz des Landes. Der Charme der Städte Québec und Montréal nimmt den Besucher vom ersten Augenblick an gefangen. Und nicht weit von den stolzen Metropolen entfernt erstreckt sich ein Reich der Stille und Einsamkeit, in dem Elche, Bären und Wölfe zu Hause sind.

In der Indianersprache steht Ottawa für einen »Ort, an dem sich die Wasser treffen« – immerhin fließen hier drei Flüsse zusammen. Blick über den Ottawa River und auf die Parlamentsbauten.

Ottawa litt lange Jahre unter demselben Image-Problem wie beispielsweise Brasilia oder Canberra. Regierungssitz dürfen sich diese beschaulichen Städte nennen, Metropole aber nicht. Angeblich hörte man früher gelegentlich den bösen Satz »Das Beste an Ottawa ist der Zug nach Montréal« oder – wahlweise – »... das Flugzeug nach Toronto«. Doch diese Zeiten sind längst vorbei: Mit ihren renommierten Museen (siehe Seite 66), Theatern und Orchestern macht die liebenswerte Hauptstadt zunehmend als Kunst- und Kulturmetropole von sich reden.
Queen Victoria hatte eine weise Entscheidung getroffen, indem sie das unbedeutende Holzfällernest Ottawa 1857 überraschend zur Hauptstadt der britischen Provinzen Lower und Upper Canada bestimmte: Der Ort an der französisch-englischen Sprachgrenze verkörperte einen idealen Kompromiss zwischen den Ansprüchen der Anglokanadier, die gern Toronto als Hauptstadt gesehen hätten, und den Zielen der Frankokanadier, die Québec oder Montréal favorisierten. Zwar war zunächst der Spott über das »Westminster in der Wildnis« groß – doch durch schnelle Baumaßnahmen gelang es der Siedlung am Zusammenfluss des Rideau, des Gatineau und des Ottawa River, ihren Hauptstadtrang zu sichern: Als nur wenige Jahre später weitere Provinzen zu dem Verbund stießen, thronten bereits die neugotischen Parlamentsgebäude auf dem Parliament Hill, und so wurde Ottawa 1867 mit großer Einmütigkeit zur Hauptstadt des Dominion of Canada erklärt. Es lohnt sich, hier zwei Tage zu verbringen und die Sehenswürdigkeiten der mit ihren vielen Parks und Alleen sehr grünen Stadt kennen zu lernen, bevor man die Reise quer durch den Südosten der Provinz Québec antritt.

Ein Feriengebiet mit Tradition. Über Buckingham und Montebello erreicht man das bis zu 1000 Meter hohe Bergland der *Laurentides*, das zur geologischen Formation des Kanadischen Schildes gehört. Hier, nur noch zwei Autostunden von der Millionenmetropole Montréal entfernt, zeigt sich Kanadas Natur von ihrer schönsten Seite: Einsame Bergseen, glasklare Flüsse und dunkle Nadelwälder, in denen Elche, Hirsche und Weißkopfseeadler leben, sowie eine gute touristische Infrastruktur mit weitläufigen Campingplätzen, rustikalen Lodges und gemütlichen Hotels machen die Laurentides zu einem überaus beliebten Naherholungsgebiet der stressgeplagten Großstädter.

Besonders im farbenprächtigen Indian Summer ist die Fahrt durch das Hügelland des Gatineau Parks bei Ottawa ein unvergessliches Erlebnis.

Ottawa, Treffpunkt von Tradition und Moderne: der Parliament Hill, auf dem man sich bis heute nach Großbritannien versetzt fühlt oben, die Notre Dame Basilica und die National Gallery am Sussex Drive unten sowie das Canadian Museum of Civilization, dessen runde Formen die Kräfte der Natur symbolisieren Mitte; siehe Seite 66.

Noch einsamer und ursprünglicher präsentiert sich das weiter westlich gelegene *Réserve faunique de Papineau-Labelle.* Viele Abschnitte dieses Naturparks sind schwer zugänglich – ein Zustand, den so mancher »backpacker«, der am Lagerfeuer verzückt den nächtlichen Waldgeräuschen lauscht, gern erhalten möchte.
Ein weiteres »Outdoor-Paradies« breitet sich rund um den 968 Meter hohen Mont-Tremblant nördlich von St.-Jovite aus: Der *Parc du Mont-Tremblant* mit seinen über fünfhundert zum Teil miteinander verbundenen Seen steht vor allem bei Kanuten und Anglern sowie im Winter bei Skifahrern hoch im Kurs.
Der Highway 15 führt durch *Ste.-Agathe-des-Monts,* den Hauptort der Laurentides. Das traditionsreiche Ferienziel am Lac des Sables lockt mit ausgedehnten Sandstränden. Von jeher verbringen reiche Kanadier hier bevorzugt ihre Ferien. Einige der luxuriösen Sommerresidenzen vergangener Tage laden zur Besichtigung ein.
Unweit von Montréal lohnt *St.-Sauveur-des-Monts* einen Stopp. Mit seiner ländlich-charmanten Architektur und seinen Boutiquen, Bars und Restaurants ist das Städtchen ein beliebter Ausflugsort der Großstädter.

»... bald hat das Schiff den Felsen umsteuert, und nun liegt das schöne, malerische, so mittelalterlich aussehende Quebek vor uns ... Eine Stadt, die älter aussieht und mehr an die feudalen Zeiten erinnert, habe ich in Europa nie gesehen ...«
Lina Bögli, um 1895

Lebensfrohes Montréal. Schon von weitem ist die Skyline der Drei-Millionen-Stadt Montréal am Horizont zu sehen, der nach Paris zweitgrößten französischsprachigen Metropole der Welt. Toronto mag inzwischen den unumstrittenen ersten Platz in der wirtschaftlichen Bedeutung der kanadischen Städte eingenommen haben, Montréal kann dafür mit dem Pfund des französisch geprägten Erbes wuchern. Vor allem im vorbildlich restaurierten Hafenviertel *Vieux-Montréal* mit seinen engen, kopfsteingepflasterten Gassen kann man sich in das alte Paris zurückversetzt fühlen. Zum gallischen Erbe gehört jedoch nicht nur das sinnenfrohe »savoir vivre«, von

In unmittelbarer Nähe Montréals begeistern idyllische Kleinstädte – im Bild St.-Sauveur-des-Monts oben – und ursprüngliche, einsame Landschaften, wie hier am Lac Supérieur im Parc du Mont-Tremblant links Seite, großes Bild. Ein Stück Frankreich in Nordamerika: die verwinkelten Straßen der Unterstadt von Québec. Die Rue St.-Jean ist nicht nur für ihre Cafés und Restaurants, sondern auch für ihre Musikkneipen bekannt. unten

Lebendig und multikulturell zeigt sich Montréal rund um den betriebsamen Boulevard St.-Laurent, an dem sich Einwanderer aus aller Herren Länder niedergelassen haben. oben
Sehenswertes in Montréal: Niedrige alte Häuser mit Außentreppen und üppigem Pflanzenschmuck finden sich in der Avenue Henri-Julien. unten
Die 1829 fertig gestellte Basilique Notre-Dame gilt als das schönste Gotteshaus der Stadt. rechts

dem die unzähligen Cafés und Restaurants künden, sondern auch die Bedeutung des Katholizismus, von der zahlreiche eindrucksvolle Kirchen zeugen, wie etwa die *Basilique Notre-Dame* oder das *Oratoire St.-Joseph* im Westen der Stadt. Nicht weit von diesem gewaltigen Gotteshaus, das alljährlich fast zwei Millionen Pilger aus ganz Nordamerika anzieht, bietet der 250 Meter hohe *Mont Royal* im gleichnamigen Park einen herrlichen Blick über die Stadt und auf den St.-Lorenz-Strom. Nicht zuletzt die Vielzahl exzellenter Museen und Sammlungen macht einen mehrtägigen Aufenthalt in der lebensfrohen und multikulturellen Metropole zu einem wahrhaft lohnenden Erlebnis.

Flüsse, Fjorde, Wasserfälle. Auf halbem Weg zwischen Montréal und Québec City liegt die Stadt *Trois-Rivières* (»Drei Flüsse«). Ihren Namen verdankt sie dem Rivière

St.-Maurice, der sich an seiner Mündung in den St.-Lorenz-Strom in drei Flussarme teilt. Auch wenn sich Trois-Rivières heute überwiegend als Industriestadt präsentiert, sollte man einen Rundgang durch seine vorbildlich restaurierte Altstadt mit schönen Häusern aus dem 18. Jahrhundert keinesfalls versäumen.

Auf dem Highway 155 geht es nun landeinwärts über La Tuque und Chambord vorbei am *Parc national de la Mauricie* und am *Réserve faunique du St.-Maurice* nach Roberval am Südufer eines beinahe kreisrunden, gut 1000 Quadratkilometer großen und mit etwa 10 Metern Tiefe sehr flachen Sees, dem *Lac Saint-Jean*. In Roberval kann Quartier nehmen, wer den See und seine Umgebung, die hohen Berge und tief eingeschnittenen Täler erkunden und die Sehenswürdigkeiten der Region in Ruhe kennen lernen möchte. Der Papierproduktion verdankte die Geisterstadt *Val-Jalbert* ihren einstigen Wohlstand; doch nach einer Krise in den dreißiger Jahren des 20. Jahrhunderts wurde die blühende Siedlung von ihren Bewohnern verlassen. Heute ist hier etwa eine alte Zellulosefabrik zu besichtigen. Mit einer Gondelbahn erreicht man die Aussichtsplattform hoch über dem Ort, die einen beeindruckenden Blick auf die Wasserfälle Chutes Ouiatchouane, über das Tal und den Lac Saint-Jean bietet. Nicht weit entfernt liegt die *Reservation Mashteuiatsh*, in der man das Kunsthandwerk der Montagnais-Indianer bewundern kann. Kein Zoo im eigentlichen Sinn ist der Jardin Zoologique in *St.-Félicien*, sondern ein riesiges Freigehege, in dem Bären, Elche und Wölfe leben und durch das die Besucher im Besichtigungswagen gefahren werden.

Die Weiterreise in Richtung Osten führt zunächst in die Stadt *Chicoutimi*. Alljährlich im eiskalten Februar geht es hier heiß her: Der »Carnaval Souvenir«, bei dem Trapperfeste, Kostümbälle und Geschicklichkeits-Wettkämpfe an die Pioniertage der ersten Siedler erinnern, zieht Besucher aus der gesamten Provinz Québec an. An seiner fjordartigen Mündung ist der Saguenay, der größte Nebenfluss des St.-Lorenz-Stroms, beinahe 2 Kilometer breit und fast 300 Meter tief. Der schönste Abschnitt dieses Fjordes wurde zum *Parc du Saguenay* erklärt. Mehrere reizvolle Wanderwege Fortsetzung Seite 70

Vom Faible der Bewohner Montréals für die französische Kultur und Lebensart künden nicht zuletzt die über 5000 Restaurants und Cafés der Stadt: in der Rue St.-Paul oben und am Boulevard St.-Laurent links.

Neue Paläste für die Kunst

In kaum einer anderen Stadt Kanadas finden sich so zahlreiche und so renommierte Museen wie in Ottawa. Weit bekannte Flaggschiffe der Kulturszene sind die National Gallery of Canada und das Canadian Museum of Civilization, die beide auch architektonische Glanzleistungen darstellen.

Am Sussex Drive, gegenüber der Notre Dame Basilica, liegt die von einem lichtdurchfluteten Glasdom überragte National Gallery, die der kanadische Star-Architekt Moshe Safdie entworfen hat. Langsam nähert man sich hier über eine allmählich ansteigende Rampe der Kunst, als ob der zu erwartende Genuss hinausgezögert und dadurch gesteigert werden sollte. Die spektakuläre Glasarchitektur der Galerien, Atrien und Hallen mag manchen sogar dazu verleiten, die Exponate nicht mit der erforderlichen Muße und Konzentration zu betrachten. Die Sammlungen, die in mehrere kanadische Sektionen, eine amerikanische und europäische sowie eine Abteilung über die Kunst der Inuit unterteilt sind, umfassen rund 40 000 Objekte. Hinzu kommt eine Fotogalerie. Zu den hochkarätigen Künstlern, deren Werke zu bestaunen sind, gehören europäische Klassiker wie Rembrandt und Rubens, Picasso und Matisse ebenso wie Mitglieder der »Group of Seven« (eine Gruppe kanadischer Maler, die sich vor allem Landschaften ihrer Heimat gewidmet haben) und der Amerikaner Jackson Pollock. Weiteres Highlight des Museums ist die originalgetreu wieder aufgebaute Rideau Street Convent Chapel aus dem 19. Jahrhundert im Herzen der Galerie.

Am anderen Ufer des Ottawa River, in der bereits zur Provinz Québec gehörenden Schwesterstadt Hull, erhebt sich das futuristisch anmutende Canadian Museum of Civilization, dessen geschwungene Linien für die Verbundenheit von Mensch und Natur stehen und zugleich die Naturgewalten Wasser und Eis symbolisieren sollen. Architektonisch verantwortlich zeichnet Douglas Cardinal, der beide Flügel des Gebäudes, den Glacier Wing und den Canadian Shield Wing, entworfen hat. Gleich zu Beginn des

Das Canadian Museum of Civilization stellt sowohl die Kultur der europäischen Einwanderer als auch die der indianischen Ureinwohner vor. oben und Mitte

Die Geschichte der kanadischen Luftfahrt wird im National Aviation Museum lebendig. unten

Volles Programm für Kulturfreunde

Neben der National Gallery of Canada und dem Canadian Museum of Civilization kann Ottawa mit einer ganzen Reihe weiterer lohnenswerter Sammlungen aufwarten: Im Canada Aviation Museum (Aviation Parkway, am Rockcliffe Airport), dem größten seiner Art in Kanada, werden an die 120 Flugzeugtypen, von der Anfangszeit der Luftpioniere bis zu den High-Tech-Fliegern des Jet-Zeitalters, präsentiert. Das Canada Science and Technology Museum am östlichen Stadtrand (1867 St. Laurent Boulevard) lädt dazu ein, sich über die Entwicklung von Wissenschaft und Technik in Geschichte und Gegenwart zu informieren. Einen guten Einblick in die wechselvolle Stadtgeschichte bietet das Bytown Museum (1 Canal Lane am Canal Rideau), das im ältesten Steinhaus der Stadt (1828) residiert. Das Canadian Museum of Nature (McLeod/Metcalfe Street) steht besonders bei Kindern hoch im Kurs, besitzt es doch ein Dinosaurierskelett und entführt darüber hinaus in die abenteuerliche Welt der Goldsucher.

Rundgangs beeindruckt die riesige Grand Hall mit einem rekonstruierten Indianerdorf und riesigen Totempfählen, die bis unter die Decke reichen. Das Museum besitzt die größte Sammlung von Totempfählen weltweit. Insgesamt präsentiert es die (Siedlungs-) Geschichte des zweitgrößten Landes der Erde, wobei sowohl die Leistungen der europäischen Einwanderer als auch die der Ureinwohner gebührend gewürdigt werden. Die Themen sind nach modernen museumsdidaktischen Gesichtspunkten aufbereitet: Immer wieder wird der Besucher zum Mitmachen aufgefordert – was den Aufenthalt im Museum sowohl für Kinder als auch für Erwachsene zum Erlebnis macht.

Die National Gallery ist wegen ihrer hochrangigen Sammlung europäischer und nordamerikanischer Malerei, aber auch wegen ihres modernen Gebäudes aus Glas und Granit weltbekannt. oben und unten

Wirkungsvoll präsentiert: die Exponate indianischer Kunst in der Grand Hall des Canadian Museum of Civilization großes und rundes Bild.

Im Herbst ein flammendes Farbenmeer: der Parc national de la Mauricie rund um den Lac Wapizagonke.

führen vom Besucherzentrum Rivière-Éternité hinauf auf die Felsen. Die nächste Station ist *Tadoussac*, ein malerisches, stark touristisch geprägtes Städtchen an der Mündung des Saguenay in den St.-Lorenz-Strom. Da durch die Gezeiten Salzwasser weit ins Land gelangt und der Fjord reich an Plankton ist, tummeln sich hier im Sommer Buckel-, Finn- und Blauwale sowie Belugas (Weißwale), die in dieser Region heimisch sind. Von Juni bis Anfang Oktober kann man von Tadoussac aus Whale-Watching-Touren unternehmen und hat dabei gute Chancen, den sanften Riesen auch tatsächlich zu begegnen.
Wer viel Zeit mitbringt und ein noch ursprünglicheres Kanada erleben möchte, kann nun die Route in Richtung Nordosten verlängern und an der Côte-Nord, dem Nordufer des St.-Lorenz-Stroms entlang, über Baie-Comeau und Sept-Îsles bis nach Havre-St.-Pierre fahren. Man sollte aber bedenken, dass es von hier aus nur mit dem Schiff weitergeht.

Der Leuchtturm auf der Pointe des Monts an der Felsküste des St.-Lorenz-Stroms beherbergt ein Museum zum Thema Schifffahrt und Navigation. oben
Um das Halloween-Fest am 31. Oktober zieren fröhliche Kürbispuppen so manchen Vorgarten, wie hier in Ste.-Irénée, einem kleinen Dorf hoch über dem St.-Lorenz-Strom. unten

Am Ufer des St.-Lorenz-Stroms. Von Tadoussac aus führt die Route nach Südwesten, durch hübsche Dörfer wie etwa *St.-Siméon*, wo man mit der Fähre von April bis Januar nach Rivière-du-Loup übersetzen kann. Der Highway 138 verläuft hier teils eng an der Felskante zum St.-Lorenz-Strom, teils schlängelt er sich landeinwärts durch dichte Nadelwälder. Die Galerien und Kunsthandwerksläden von *La Malbaie*, aber auch die herrschaftlichen Landhäuser, die sich der Geldadel von Québec und Montréal um die Jahrhundertwende errichten ließ, lohnen einen Besuch. Der *Parc régional des Hautes-Gorges* ist zwar mit 235 Quadratkilometern eher klein, kann dafür aber mit einer unvergesslichen Szenerie aufwarten: Der Rivière Malbaie hat sich hier so tief in den Fels gegraben, dass sich heute in diesem Naturpark die höchsten Klippen Ostkanadas finden. Gut 800 Meter geht es in den Canyon hinab, der für Kanuten und Wanderer ein wahres Paradies darstellt. Wer es bequemer mag, nimmt mit einem Ausflugsboot vorlieb, das den Fluss befährt. Einen Aufenthalt lohnt auch *Baie-St.-Paul*, ein verträumtes Provinzstädtchen wie aus dem Bilderbuch und zugleich eine berühmte Künstlerkolonie mit Galerien und Kneipen, in denen sich die Szene zum intellektuellen Plausch trifft.
Der Highway führt nun auf direktem Weg auf die Provinzhauptstadt Québec City zu; bald kommt die lang gestreckte Île d'Orléans im St.-Lorenz-Strom in Sicht. Rund 40 Kilometer nordöstlich der Stadt durchfährt man den bekannten Wallfahrtsort *Ste.-Anne-de-Beaupré*. Seine mächtige neo-

romanische Basilika ist alljährlich Anziehungspunkt für mehr als eine Million Pilger. Nur etwa 10 Kilometer nordöstlich der Metropole wartet schließlich noch ein grandioses Naturschauspiel: die *Chutes de Montmorency*. Schon von weitem hört man das gewaltige Donnern der Wasserfälle, die an der südlichen Abbruchkante des Kanadischen Schildes 83 Meter in die Tiefe stürzen. Ein ungewöhnliches Bild bietet sich dem Besucher im Winter, wenn die Wasserfälle zu bizarren Eisformationen gefrieren.

In wenigen Autominuten ist nun Québec City erreicht. Im Jahr 1608 als Pelzhandelsstation gegründet, ist es heute eines der wirtschaftlichen und kulturellen Zentren Kanadas und zugleich auch die »französischste Stadt« des Landes: Rund 95 Prozent der Bewohner sind französischsprachig. Diese Gegebenheit dient als klares Zeichen für das stetige Bestreben der Stadt, Politik, Wirtschaft und Kultur der gesamten Provinz im Sinne der Eigenständigkeit Frankokanadas zu beeinflussen (siehe Seite 15).

Blick vom Vieux Port auf die Altstadt von Québec. oben
Ein beliebtes Ziel für Tagesausflüge: Die Chutes de Montmorency liegen nur wenige Kilometer nordöstlich von Québec. links
Die Felslandschaft um den Rivière Malbaie im Parc régional des Hautes-Gorges zieht Outdoor-Fans von nah und fern an. unten

Planen und erleben ...

Die Rue de la Commune verläuft direkt am Hafen von Montréal entlang. oben
Betteln um einen Leckerbissen: zutrauliches Eichhörnchen im Parc de la Mauricie. Mitte
Verwunschene Seen prägen die Landschaft im Park Papineau-Labelle. unten

DIE HIGHLIGHTS

Ottawa
Im Großraum der Bundeshauptstadt, zu dem auch die Schwesterstadt Hull gehört, leben über 900 000 Einwohner. Neben den herausragenden Museen (siehe Seite 66) steht vor allem der Parliament Hill mit den neugotischen Parlamentsgebäuden im Mittelpunkt des Besucher-Interesses. An sitzungsfreien Tagen sind die Räume des House of Commons und des Senats im Mitteltrakt zu besichtigen. Unbestrittene Touristenattraktion auf dem Parlamentshügel ist jedoch der »Königliche Wachwechsel«.
Beinahe mediterranes Leben entfaltet sich rund um den Byward Market, der einige Blocks hinter der Notre Dame Basilica beginnt. Um die Markthalle gruppieren sich Restaurants, Boutiquen und Feinkostläden, hier spielt sich auch ein Großteil des Nachtlebens ab.

Parc du Mont-Tremblant
Ideal zum Wandern, Angeln, Schwimmen und Kanufahren: Rund 60 Kilometer nördlich von Ste.-Agathe-des-Monts liegt der Eingang zu diesem 1500 Quadratkilometer großen Naturpark, der mit seinen über fünfhundert Seen und zahlreichen Campingplätzen ein bevorzugtes Ziel für Aktivurlauber darstellt. Rund um den Mont-Tremblant erstreckt sich eines der besten Skigebiete Ostkanadas.

Montréal
Zu den Hauptattraktionen der Stadt gehört das Hafenviertel Vieux-Montréal mit dem Rathaus, der Chapelle de Notre-Dame-de-Bonsecours und der Basilique Notre-Dame, die zu den größten Kirchen Nordamerikas zählt.
Die wichtigsten Museen sind das Musée des Beaux-Arts de Montréal, das Musée McCord für kanadische Geschichte und indianische Kultur und das Musée d'Archéologie et d'Histoire am Hafen.
Im Olympiapark sollte man einen Besuch im Biodôme nicht verpassen, in dem auf 10 000 Quadratmetern vier Ökosysteme hautnah präsentiert werden. Eine Fahrt auf den gleich nebenan 190 Meter hoch aufragenden, um 45 Grad geneigten Olympiaturm bietet einen der besten Blicke auf die Skyline der Stadt. Die schönste Aussicht auf Downtown Montréal genießt man jedoch unbestritten vom Chalet du Mont Royal, das sich im gleichnamigen Park befindet.

Parc National de la Mauricie
Nördlich von Trois-Rivières liegt der Parc national de la Mauricie, einer der schönsten Nationalparks im Osten Kanadas. Eingebettet in das Grün der Ahorn- und Nadelbäume, blinken kristallklare Seen, unter ihnen der lang gestreckte Lac Wapizagonke mit zahlreichen Inselchen und hübschen Sandstränden, die sich am besten per Kanu entdecken lassen. Vor allem entlang der Straße 62, die den Süden des Parks durchquert, bieten zahlreiche Aussichtspunkte herrliche Blicke über die weite Landschaft.

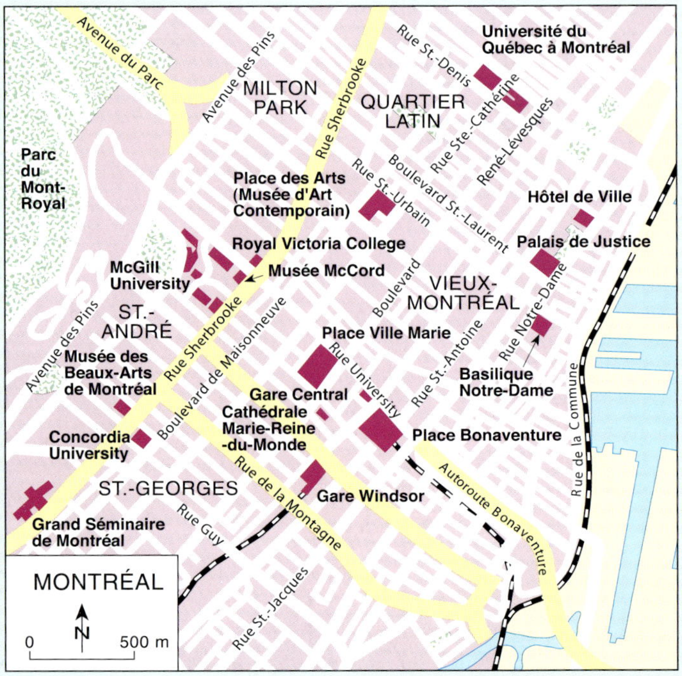

Montréals »Unterwelt«

Im Jahr 1962 wurden die ersten Passagen unter der Place Ville-Marie in der City von Montréal eröffnet. Die Ville souterraine oder Underground City ist eine unterirdische Shopping Mall, ein weit verzweigtes System von Boutiquen, Kaufhäusern, Restaurants, Kneipen, Kinos und Hotels. Schnell wurde auch Montréals Métro, mit deren Bau man vier Jahre später begann, Bestandteil des unterirdischen Einkaufsparadieses, denn über die Métro-Bahnsteige gelangt man heute ebenso in die Underground City wie durch die Außeneingänge und über diverse Bürohochhäuser. Seit ihrer Eröffnung wächst die »Stadt unter der Stadt« immer weiter. Inzwischen ist Montréals unterirdische Shopping Mall mit über 30 Kilometern Länge die größte ihrer Art auf dem Globus. Mehr als 1600 Geschäfte, 200 Restaurants, 40 Banken und 30 Kinos sind Bestandteil des geordneten Labyrinths, für das mittlerweile sogar ein eigener Stadtplan existiert. Seit 2004 heißt der Komplex »RESO«.

Tadoussac

Der Ort an der Mündung des Saguenay in den St.-Lorenz-Strom ist wegen der Wale berühmt geworden, die allsommerlich vom Planktonreichtum des Wassers angelokkt werden und die man von Ausflugsbooten aus beobachten kann.

Wer mehr über die riesigen Meeressäuger erfahren möchte, sollte das Centre d'Interpretation des Mammifères Marins besuchen.

Auch der Poste de traite Chauvin, Kanadas ältester, etwa um das Jahr 1600 gegründeter Handelsposten, lädt zur Besichtigung ein.

Chutes de Montmorency

Die eindrucksvollen Wasserfälle, die an der Abbruchkante des Kanadischen Schildes 83 Meter in die Tiefe rauschen, sind höher als die Niagara-Fälle.

Vom Informationszentrum aus gelangt man per Gondel und Zahnradbahn auf das Plateau, wo man über eine schmale Hängebrücke balancierend in die tosende Gischt blickt. Um die Wasserfälle herum wurde ein hübscher Park angelegt. Dort steht auch das Manoir Montmorency (Kent House), in dem der Herzog von Kent zwischen 1791 und 1794 gelebt hatte.

ON THE ROAD

Wildnis für Einsteiger

Nach dem Trubel der Großstädte einige erholsame Tage in der Einsamkeit verbringen – ohne weite Anfahrtswege in Kauf zu nehmen und auch ohne umfangreiche Outdoor-Ausrüstung zu besitzen? Inmitten der Wildnis nicht auf Komfort verzichten müssen?

Im Südosten der Provinz Québec lassen sich Kulturgenuss und Naturerlebnis auf das Beste miteinander verbinden. So sind fast alle der zahlreichen National- und Provinzparks der Region von den Großstädten aus in kurzer Zeit erreichbar.

Bei den »Outfitters«, die sich meist an den Parkeingängen befinden, kann nicht nur alles Nötige für eine Kanutour, sondern auch die gesamte Campingausrüstung entliehen werden.

Wie überall in Kanada sind die staatlichen Campgrounds mit vorbildlichen sanitären Einrichtungen ausgestattet. Etwas teurer kommen die privaten Plätze, dafür gehören hier Wasser- und Stromversorgung, Waschmaschinen, verschiedene Geschäfte und Restaurants zum Standardangebot.

Und wer es noch luxuriöser mag, ist im Bergland der Laurentides mit seinen Reiterhöfen, Golfplätzen, feinen Hotels und erstklassigen Restaurants gut aufgehoben.

Entfernungen

km	Ottawa	778
	115 km	
115	Ste.-Agathe-des-Monts	663
	62 km	
177	Montréal	601
	93 km	
270	Trois-Rivières	508
	108 km	
378	La Tuque	400
	82 km	
460	Chambord	318
	27 km	
487	St.-Félicien	291
	156 km	
643	Tadoussac	135
	25 km	
668	St.-Siméon	110
	49 km	
717	Baie-St.-Paul	61
	61 km	
778	Québec City	km

Die Parlamentsgebäude in Ottawa. links oben
Beschauliche Idylle im herbstlichen St.-Sauveur-des-Monts. Mitte
Nächtliches Québec: Blick auf die Rue Dalhousie und das Château Frontenac. unten

Route 4
Von Toronto nach Vancouver

Von der Multikulti-Stadt durch endlose Weiten in eine der schönsten Metropolen der Welt: Auf fast 4500 Kilometern quer durch das Land lernt man Kanada in all seinen faszinierenden Facetten kennen.

Die Faszination der Weite: Wie mit dem Lineal gezogen bahnt sich der Highway 1 seinen Weg durch die endlose Prärie bei Rush Lake.

Auf den Spuren der Pioniere

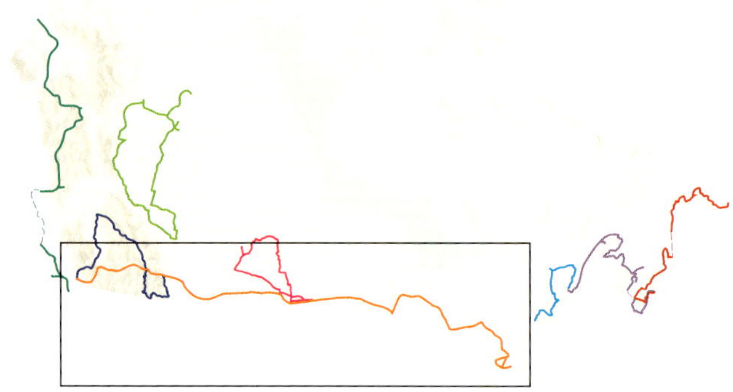

Die riesigen Seen Ontarios, die endlosen Weizenfelder der Prärieprovinzen, die raue Bergwelt der Rocky Mountains und das weite Farmland von British Columbia: Kanada bietet grandiose Landschaften und Dimensionen, die man sich in Europa kaum vorstellen kann. Wer die riesigen Distanzen des gewaltigen Landes »erfahren« hat, versteht die Entstehung des »Mythos' Kanada«.

Ein Football-Spieler bei der Calgary Stampede. Football ist in Kanada zwar längst nicht so populär wie Eishockey, doch die Profi-Clubs der »Canadian Football League« haben vor allem auf dem Land und in den Städten des Westens eine treue Anhängerschaft.

Wie sagte Sir Peter Ustinov so schön? »Toronto ist eine von Schweizern betriebene Version von New York.« Und wirklich – die Provinzhauptstadt von Ontario lebt, erfindet sich immer wieder neu, kreiert Trends wie »Big Apple«. Andererseits ist sie sauber und sicher und funktioniert so präzise wie eine Schweizer Uhr. Glaubt man den Torontonians, so reisen New Yorker eigens mit ihren Kindern nach Toronto, um ihnen zu beweisen, dass es auch Millionenstädte gibt, in denen man nachts ohne Angst durch die Straßen gehen kann. Eine gern zitierte Anekdote charakterisiert die Metropole ganz treffend: Toronto ist das kanadische Hollywood und doubelte in einer beliebten Fernsehserie Chicago. Für eine Szene in einer rauen »backstreet« hatte man extra Müll aus Amerika importieren und auf der Straße verteilen lassen. Als die Filmcrew vom Lunch an den Drehort zurückkehrte, hatte die Straßenreinigung die Müllberge bereits beseitigt!
In der Sprache der Huronen-Indianer bedeutet Toronto »Sammelplatz« – ein Name, dem die Stadt heute mehr denn je gerecht wird: Vier Millionen Menschen leben in ihrem Einzugsbereich, und alle wichtigen Banken und Versicherungen des Landes haben sich in ihrem Financial District niedergelassen. Dabei hätten vor einigen Jahrzehnten wohl nur die wenigsten vermutet, dass sich ausgerechnet Toronto zum wirtschaftlichen Schrittmacher und zur heimlichen Hauptstadt Kanadas entwickeln würde. Noch zu Beginn der fünfziger Jahre war die Stadt als muffiges Provinzkaff verschrien. Scharfzüngige Kritiker spöttelten gar, um sich zu amüsieren, müssten die Torontonians nach Montréal fahren. Heute darf sich Toronto rühmen, nach New York die größte Theater- und Kulturstadt Nordamerikas zu sein. Überhaupt wird Unterhaltung groß geschrieben: Es gibt eine lebendige Musik-Szene, unzählige Nachtclubs, ausgelassene Volksfeste und bunte Vergnügungsparks. Zu dieser Verwandlung von der »grauen Maus« zur pulsierenden Metropole haben vor allem die vielen tausend Einwanderer beigetragen, die nach dem Zweiten Weltkrieg Leben und Farbe in die einst von den konservativen WASPs (White Anglo-Saxon Protestants) geprägte Stadt brachten: Mittlerweile haben Angehörige von 150 Nationalitäten am Ufer des Lake Ontario eine neue Heimat gefunden. International ist auch das Publikum auf dem CN Tower, Torontos Hauptattraktion. Mit 553 Metern ist der Turm das höchste freistehende Bauwerk der Welt, und jeder

Im Schatten der himmelwärts strebenden Wolkenkratzer von Toronto wirkt das Flat Iron Building fast wie ein Zwerg.

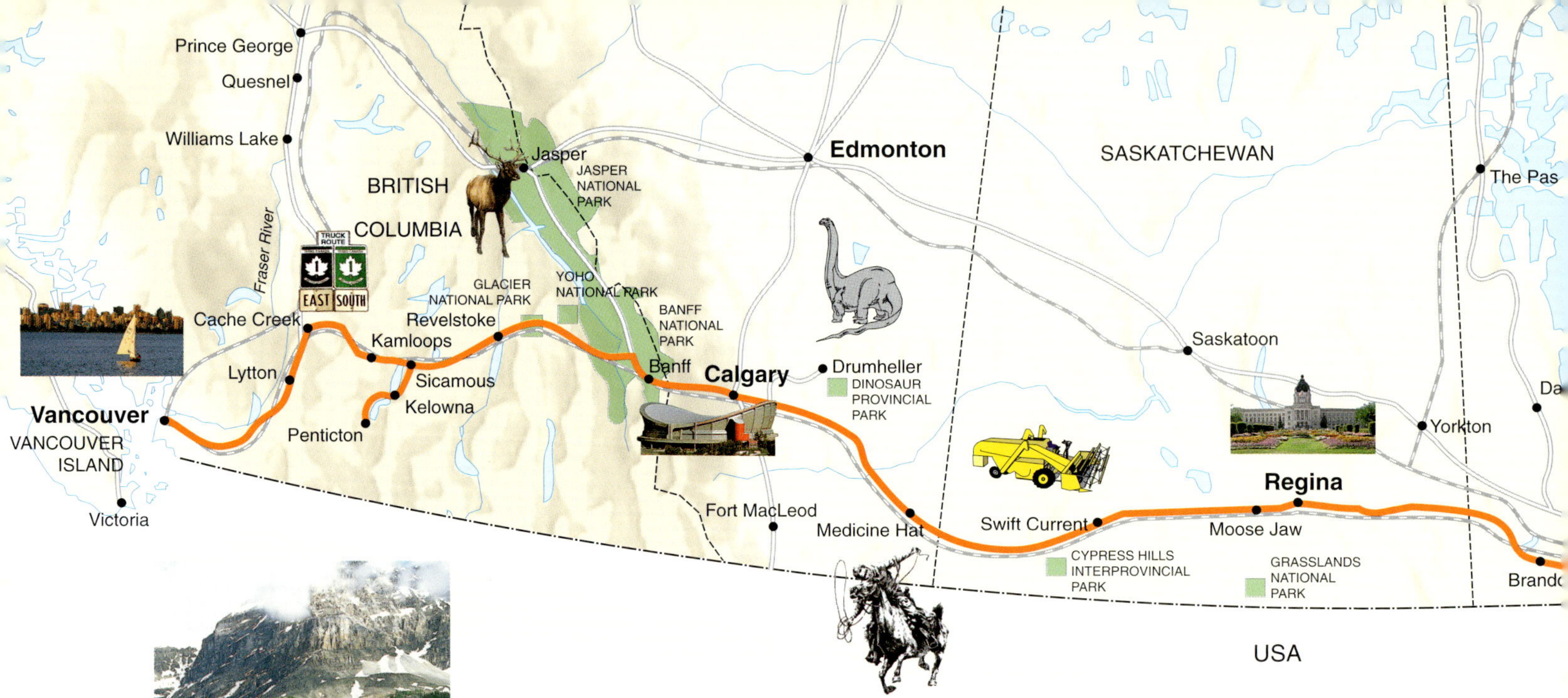

Ein Traumziel für Outdoor-Fans: der Yoho National Park. oben
Die Stephen Avenue Mall in Calgary säumen gläserne Wolkenkratzer und die ältesten Gebäude der Stadt. unten
Saskatchewan ist die »Kornkammer« Kanadas. rechts

»Es sind die unendlichen Räume, die so reizen. Allen, die wir hier leben, bietet das weite ... Land einen eigenen geistigen Hintergrund.«
Stephen Leacock, I'll stay in Canada, 1984

Einheimische führt seine Besucher stolz auf die Aussichtsplattform in 447 Metern Höhe. Von hier aus hat man einen herrlichen Blick über das Umland – und an schönen Tagen kann man sogar die Niagara-Fälle sehen.

Kommerz und Technikverachter. An den *Niagara-Fällen* führt für Toronto-Besucher kein Weg vorbei: Die »donnernden Wasser« an der Grenze zu den USA gehören einfach zu Kanadas Top-Attraktionen. Man sollte sich daher nicht wundern, wenn man mit zigtausend anderen Schaulusti-

gen in der berühmtesten Gischtwolke des Landes steht. An den Niagara-Fällen ist die nach »Disney World« wohl perfekteste Tourismus-Maschinerie Nordamerikas angekurbelt worden: Die Boote der »Maid of the Mist«-Flotte bringen ihre Passagiere bis dicht an die schäumende Wasserwand heran, Hubschrauberflüge über die Abbruchkante geben den ultimativen Kick, und auf einem Aussichtsturm dreht sich ein großes Panoramarestaurant. Wen die Massen nicht abschrecken, der kann auf kanadischer Seite von einer Plattform am Table Rock den schönsten Blick auf die 54 Meter hohen Horseshoe Falls genießen. Zumindest etwas entflieht man dem Rummel, wenn man über den

Am Lake Superior machen Waidmänner Jagd auf Elche. oben
90 Prozent der Wassermenge der Niagara-Fälle stürzen über die Horseshoe Falls. links

Von Wind und Wellen ausgewaschen ist der Big Flowerpot im Norden von Bruce Island. oben Für die konservativen Mennoniten in Elmira sind Autos tabu. Mitte In der Wildnis Ontarios werden oft Wasserflugzeuge eingesetzt. unten Nordwestlich von Thunder Bay stürzt der Kaministiquia bei den Kakabeka Falls fast 40 Meter in die Tiefe. großes Bild

Niagara Parkway in das idyllische Städtchen *Niagara-on-the-Lake* fährt. Statt Fastfood-Buden gibt es hier stilvolle Lokale, und die schattigen Alleen mit ihren herrschaftlichen Villen haben sich den Charme der viktorianischen Ära bewahrt. Einen noch stärkeren Kontrast zum Touristentrubel bietet die friedvolle Gegend um *Kitchener-Waterloo*, die man auf dem Rückweg von den Niagara-Fällen ab Hamilton über den Highway 8 erreicht. Zwar zählt die zusammengewachsene Stadt mittlerweile über 300 000 Einwohner, aber im Umland – vor allem im Norden um Elmira und um Elora im Westen – scheint die Zeitmaschine einen gehörigen Sprung in die Vergangenheit gemacht zu haben. Wenn einem hier Pferdekutschen auf der Straße begegnen, ist man nicht etwa in einem Folk Museum gelandet, sondern im Mennonite Country.
Der Namensgeber der Mennoniten ist Menno Simons, ein katholischer Priester, der im 16. Jahrhundert zu den Anführern der niederdeutschen Wiedertäuferbewegung gehörte. Während der Gegenreformation in Deutschland als Ketzer verfolgt, flohen viele Mennoniten ins Ausland, auch nach Übersee. Da die Deutschen wegen ihres sprichwörtlichen Fleißes sehr gefragt waren, machte ihnen Britisch-Nordamerika zu Beginn des 19. Jahrhunderts ein verlockendes Angebot: Jedem Familienoberhaupt wurden 64 Hektar Land und die Befreiung vom Militärdienst versprochen. Außerdem sollten die Mennoniten ihre Religion, ihre Sprache und ihr Schulsystem beibehalten dürfen. So wurde Kitchener, das bis zum Jahr 1914 Berlin hieß, zu einem Zentrum der Glaubensgemeinschaft.
Noch heute kommen die Mennoniten weitgehend ohne Auto, Strom, Telefon und andere »sündige Eitelkeiten« des 20. Jahrhunderts aus und transportieren ihre Waren mit Pferd und Kutsche zum Markt.

Land der Seen. Schnurgerade zieht sich der Highway 400 durch die endlosen Vororte Torontos nach Norden, gesäumt von allem, was die Fastfood-Welt zu bieten hat. Erst bei Victoria Harbour, dem Startpunkt des Highway 69, sieht man das, was so charakteristisch für Ontario ist – Wasser, immer wieder Wasser: Westlich des Highways weiten sich riesige Buchten, so dass man fast meinen könnte, ein Meer vor sich zu haben. Nach Osten ziehen sich endlose Seenplatten bis hin zum Algonquin Provincial Park, der für Kanuwanderer aus ganz Kanada ein Pilgerziel ist. Ontario besitzt eine halbe Million Seen und rund 60 000 Kilometer befahrbare Wasserwege, aber auch auf dem Landweg ist die nun folgende Strecke bis zur Grenze von Manitoba mit Sicherheit eine der schönsten Autorouten der Welt.

Vor den Toren von Sudbury, wo man auf den Trans Canada Highway stößt, liegt der heimliche Star unter den Wildnisgebieten Ontarios: der *Killarney Provincial Park.* Seine tiefblauen Seen und weißen Felsen begeisterten schon die Maler der »Group of Seven«, die sich in den sechziger Jahren für die Gründung des Schutzgebiets engagierten. *Sault-Ste.-Marie,* unter Insidern nur kurz »The Soo«, liegt auf einer Landenge, die den Lake Huron vom Lake Superior trennt. Schon Ende des 18. Jahrhunderts, als die Northwest Fur Trading Company hier einen Pelzhandelsposten gründete, baute man einen Kanal, um eine schiffbare Verbindung zwischen den beiden Seen zu schaffen. Heute beeindruckt die Hafenstadt mit riesigen Schleusenanlagen, die den Frachtschiffen den Weg nach Toronto und zum Atlantik ebnen. Zwischen dem St. Lawrence Seaway und dem Lake Superior gilt es immerhin einen Höhenunterschied von sage und schreibe 350 Metern zu überbrücken!

»Gitche Gumee«, »Großes Wasser«, nannten die Ojibwa-Indianer einst den über 80 000 Quadratkilometer großen Lake Superior, an dessen Nordufer Vulkane, Gletscher und Erdbeben eine raue, waldreiche Landschaft, aber auch faszinierende Naturwunder hinterlassen haben. So etwa den wilden Ouimet Canyon bei Dorion oder den Sleeping Giant bei Pass Lake, einen Felsen, der tatsächlich so aussieht, als habe sich ein Riese am Strand zum Schlafen gelegt.

Der Sleeping Giant gilt als das Wahrzeichen von *Thunder Bay,* das fast auf den Punkt genau in der Mitte Kanadas liegt und die drittgrößte Hafenstadt des Landes ist. Das mag auf den ersten Blick merkwürdig anmuten, aber von »T-Bay« aus wird auf dem St. Lawrence Seaway das Getreide aus den Prärieprovinzen zum Atlantik verschifft. Thunder Bay versteht sich als »Tor zum Westen«, denn die Prärien liegen für kanadische Verhältnisse »nur« lächerliche 650 Kilometer entfernt. Zunächst nehmen allerdings die Seen kein Ende: Jeder »Scenic Lookout«, jeder Parkplatz bietet sich als Picknickplatz an – das Problem dürfte eher sein, dass ein Magen nur begrenzte Kapazitäten hat! Der bereits in Manitoba gelegene *Whiteshell Provincial*

Die stimmungsvolle Landschaft am Nordufer des Lake Superior hat schon viele Maler begeistert. oben

Im Old Fort William in Thunder Bay wird das Leben in einem alten Pelzhandelsposten lebendig. Mitte

Über 100 Meter tief ist der Ouimet Canyon, eine wilde Schlucht vor den Toren von Thunder Bay. unten

Weizen, so weit das Auge reicht: im Farmland bei Calgary. oben
Das Royal Tyrell Museum of Paleontology in Drumheller widmet sich den Dinosauriern. Mitte
Die Alberta Badlands östlich von Calgary sind ein sehr bedeutender »Dinosaurierfriedhof«. unten und großes Bild

Park lädt mit seinen stillen Seen und Wäldern dazu ein, mehrere Tage zu verweilen. Wen es rasch weiterzieht, der sollte zumindest einen kurzen Abstecher in das Mennonite Heritage Village bei Steinbach machen, wo kostümierte Museumsführer nach Altväter Sitte die Felder bestellen und in historischen Handwerksbetrieben arbeiten.

Überraschungen in der Prärie. Zwischen Winnipeg (siehe Seite 96) und Regina könnte man das klassische Road Movie drehen: ein endloses Asphaltband, Trucks, Limousinen, flaches Land bis zum Horizont. Die meisten nutzen den Trans Canada Highway nur zur Durchfahrt, doch es lohnt sich, vor *Regina* einen Gang herunterzuschalten. »Wascana«, Knochenhaufen, nannten die Cree-Indianer Regina, weil sie hier Bisons jagten und ausnahmen; die erste weiße Siedlungsgründung hieß analog dazu »Pile o' Bones«. Es wäre wohl auch bei einem Knochenhaufen geblieben, hätte nicht die Anbindung an die Eisenbahnlinie für einen raschen Aufschwung gesorgt. 1883 verlegten sogar die »Mounties« ihr Hauptquartier nach »Pile«, das schließlich von Prinzessin Louise, der Gattin des damaligen Generalgouverneurs, zu Ehren ihrer Mutter, Königin Victoria, in »Regina« umgetauft wurde. Ein adeliger

Name macht zwar noch keine schöne Stadt, doch Regina hat sich bemüht, aus seinen bescheidenen Möglichkeiten das Beste zu machen. Heute präsentiert sich die Hauptstadt von Saskatchewan als ein geruhsamer Ort mit hohem Freizeitwert: Die Parkanlage Wascana Centre ist ein Dorado für Jogger, und die Touristen sitzen am liebsten im Café der Mackenzie Art Gallery oder setzen mit Fähren auf das Inselchen Willow Island im Wascana-See über. Man tut Saskatchewan Unrecht, wenn man es nur als Fortsetzung Seite 88

»Die Stadt mit der Hölle als Fundament«, so bezeichnete Rudyard Kipling Medicine Hat, das auf dem größten Erdgasvorkommen Kanadas sitzt. oben

Calgary: Der Ölboom in Alberta verwandelte die Rancherstadt in wenigen Jahrzehnten in ein »Mini-Manhattan der Prärie«. unten

Der »International Caravan« in Toronto

Ob Geishas oder Indianer beim Pow Wow: Während des »International Caravan« dreht sich neun Tage lang alles um die Kultur, Musik, Folklore und Küche der ethnischen Gruppen in Toronto. Um den Besuchern die »Weltreise« zu erleichtern, fahren zwischen den Festpavillons Pendelbusse.

Zunächst hört man nur ein leises »klapp, klapp«, beschwörend, Versatzstücke, vom Wind verweht. Dann immer lauter, ein treibender Rhythmus, drängend. Die »Urheberin« dieses »beautiful noise« ist eine Bongo-Band. Eine Straßenecke weiter wirbt ein Priester einer der zahlreichen so genannten »Charismatic Churches« unter einem Transparent »Jesus is heeling broken hearts« für seine Gemeinde, als würde er Gemüseschäler anpreisen. Zwei Block geradeaus scheppern Steel Drums; eine karibische Schönheit verteilt unter den Zuhörern ein Getränk, das ebenso farbenprächtig wie hochprozentig ist. Ist die schottische Pipe-Band bereits eine Folge des Alkoholkonsums? Ist sie nicht, genauso wenig wie die Bongo-Band, die Steel Drums oder der Damenchor, der deutsche Volkslieder trällert. Es ist schlicht Juni in Toronto und damit Zeit für den »International Caravan«, das größte Volksfest in Kanadas kosmopolitischster Stadt. In mehr als dreißig Pavillons überall im Stadtgebiet versuchen sich die verschiedenen ethnischen Bevölkerungsgruppen in Konzerten und Theateraufführungen zu übertrumpfen. In Toronto tanzt der Bär – und das durchaus auch im wahrsten Sinn des Wortes, denn eine Gruppe von »First People« verleiht mit ihren Tänzen dem Geist der Tiere Gestalt. Pow Wows, traditionelle Tanzzeremonien, gibt es offiziell erst wieder seit 1969 in Kanada – die Zeiten, als Indianer kein Wahlrecht hatten, als ihre Zeremonien bei Strafe verboten waren und Kindern ihr Anderssein brutal aberzogen wurde, liegen also kaum eine Generation zurück!

Der »International Caravan« ist heute ein Symbol für das multikulturelle Kanada, unter dessen Dach etwa 150 ethno-kulturelle Gruppen leben. In Kanada ist jeder Einwanderer stolz auf seine Wurzeln, pflegt diese und ist erst in zweiter Linie Kanadier. Es handelt sich sozusagen um eine selbst gewählte Zweistaatlichkeit, ganz anders als in den USA, wo jeder mit Betreten amerikanischen Bodens schlagartig zum Amerikaner mutiert! Eine der größten Bevölkerungs-

Waren und Genüsse aus aller Welt

Nichts, was es nicht gäbe im kosmopolitischen Toronto! In der Spadina Street kann man alles kaufen, was das moderne China zu bieten hat. Mysteriöse Kräuter und Tinkturen gibt es in der winkligen, alten Chinatown rund um Broadview und Gerrard Street. Lebensmittel aus aller Herren Länder – ob Gewürzkompositionen aus Marokko, Tees aus Indien oder Käse aus Tasmanien – findet man im St. Lawrence Market auf zwei »himmlischen« Etagen. Auch im Kensington Market reihen sich exotische Food-Stände und bunte Läden aneinander, in denen Souvenirjäger indianisches Kunsthandwerk und Specksteinschnitzereien der Inuit erstehen können. Der witzigste Floh- und Farmermarkt der Stadt ist Dr. Flea's International Flea Market, aber es lohnt sich auch, im Harbourfront Antique Market, nach einem Schnäppchen Ausschau zu halten. Eine Modemeile internationaler Prägung ist die Queen Street West; Avantgarde-Boutiquen können Modemutige im Abschnitt zwischen Spadina Street und University Street finden.

gruppen stellen die Chinesen und Hongkong-Chinesen dar. Allein in Toronto gibt es drei chinesische Tageszeitungen, vier Rundfunk- und zwei Fernsehsender. Toronto und Vancouver haben riesige Chinatowns, aber die Chinesen sind keine homogene Gruppe. Gerade die Schicht der reichen Business-Chinesen setzt eher auf Isolation denn auf Integration und nennt Landsleute, die sich als Kanadier fühlen, abfällig »bananas«: außen gelb, innen weiß. Der Balanceakt, einerseits die Wahrung der Identität zu sichern, andererseits aber die Integration zu fördern, wird auch nach der Jahrtausendwende Kanadas zentrale Aufgabe bleiben.

Das ausgelassene Spektakel des »International Caravan« konnte 1998 seinen dreißigsten Geburtstag feiern. In einer Stadt, die ihren Aufstieg vor allem der bunten Vielvölkerschar der Einwanderer verdankt, zählt das Festival natürlich zu den kulturellen Top-Ereignissen des Jahres.

Zu den viel bestaunten Naturattraktionen im Banff National Park gehören die bizarren Erdpyramiden im Bow River Valley.

brettebene, eintönige Prärieprovinz charakterisiert. Drei Abstecher auf dem Weg nach Alberta dokumentieren eindrucksvoll, wie vielfältig und reizvoll die Landschaft ist: So führt der Highway 6 von Regina in die *Big Muddy Badlands*, eine faszinierende Mondlandschaft mit erodierten Sandsteinbergen. Nur allzu gut kann man sich vorstellen, dass in diesen einsamen Canyons einst Butch Cassidys gesetzlose Gesellen auf dem Weg von Kanada nach Mexiko Unterschlupf fanden.

Ein zweiter Abstecher sollte auf dem Highway 4 in den *Grasslands National Park* führen, wo seit einigen Jahren eines der letzten naturbelassenen Präriegebiete Nordamerikas unter staatlichem Schutz steht. Hier kann man Antilopen, Präriehunde und sogar Adler beobachten und bekommt einen guten Eindruck davon, wie das Land wohl vor der Ankunft der ersten weißen Siedler aussah.

Als dritter »turn off« vom Trans Canada Highway empfiehlt sich schließlich der *Cypress Hills Interprovincial Park*, der an der Grenze zu Alberta liegt. Seine Berge erheben sich wie eine Fata Morgana aus der flachen Prärie: 1500 Meter hohe grasbewachsene Plateaus und Bäume, die die Métis irrtümlich für Zypressen hielten.

Bei Wildwasserfahrern ist der kleine Ort Cache Creek ein beliebter Stützpunkt. oben
Ob man das Abenteuer in der Wildnis sucht großes Bild oder den Komfort des »Banff Springs Hotel« bevorzugt unten: Die Rocky Mountains bieten etwas für jeden Geschmack.

Gletscher und Obstgärten. Über Medicine Hat und Calgary (siehe Seite 144) führt der Trans Canada Highway in die Rocky Mountains nach Banff und Lake Louise (siehe Seite 145) und wendet sich schließlich westwärts in den *Yoho National Park*. »Yoho« bedeutet in der Sprache der Cree-Indianer »Erstaunen« oder »Verwunderung« – und tatsächlich gibt sich die unberührte Gebirgslandschaft so bizarr und so spektakulär, dass sie diesen Namen zweifellos rechtfertigt. Zu den Hauptattraktionen des Parks zählen der tiefblaue Emerald Lake und die 384 Meter hohen Takakkaw Falls, die dritt-höchsten Wasserfälle Kanadas. Westlich des Columbia Valley schraubt sich der Trans Canada Highway zum Rogers Pass (1321 Meter) hinauf und legt dem Reisenden die nicht weniger dramatische Urlandschaft des *Glacier National Park* zu Füßen. Es ist eine extrem raue Gegend, die oft von Lawinen und Wetterstürzen heimgesucht wird. Die Hälfte der Gipfel liegt oberhalb der 1900-Meter-Grenze, und gut ein Zehntel des Schutzgebiets ist von ewigem Eis bedeckt: Fast vierhundert Gletscher schieben ihre mächtigen Zungen in die Täler hinab. Auch im benachbarten *Mount Revelstoke National Park* regiert der Winter. Der Park

Ohne menschliche Eingriffe kann sich die Natur seit je im Glacier National Park entfalten. Die raue Gebirgslandschaft wurde auch von den indianischen Ureinwohnern nicht besiedelt. Tiere wie Dickhornschafe und Waschbären brauchen hier keine Jäger zu fürchten. oben, Mitte und unten

Am Coal Harbour steht seit der Weltausstellung 1986 das Wahrzeichen Vancouvers, der Canada Place mit seinem futuristischen Segeldach. oben Alljährlich im Juni finden im Hafen von Vancouver Drachenboot-Rennen statt: »Hongcouver« hat nach San Francisco die zweitgrößte Chinatown Nordamerikas. Mitte Erholung vom Großstadt-Stress am Jericho Beach: Die Vancouverites haben einige der schönsten Strände Westkanadas vor ihrer Haustür. unten

gehört zu den schneereichsten Regionen Kanadas, und in den Wintermonaten türmt sich die weiße Pracht nicht selten bis zu zehn Metern Höhe auf. Während des kurzen Sommers präsentiert sich die karge Gebirgswelt allerdings in ungeahnter Pracht: Dann nämlich verwandeln Tausende von Blumen die Wiesen am Fuß des Mount Revelstoke in ein Farbenmeer.
Vom rauen Klima der Columbia Mountains ist in *Sicamous* schon nichts mehr zu spüren, im Gegenteil: Dank seiner milden Temperaturen hat sich das Gebiet südwestlich von Revelstoke zu einem der beliebtesten Feriengebiete Westkanadas entwickelt. Von Salmon Arms führt der Highway 97 b in das liebliche *Okanagan Valley*, das es angeblich sogar auf über 2000 Sonnenstunden im Jahr bringt. Es ist ein paradiesisches Fleckchen Erde, wo Wein und Obst gedeihen und Wassersport groß geschrieben wird – immerhin durchziehen auf einer Länge von 120 Kilometern drei Seen das Tal. Vernon, Penticton und Kelowna sind heitere Ferienstädtchen mit hoher Lebensqualität: Man genießt die heimischen Weine an den Seepromenaden oder gönnt sich ein Bier der »Okanagan Springs Brewery«, eine der wenigen Brauereien, die sich dem bayerischen Reinheitsgebot verpflichtet haben.
Westlich von Kamloops, der »Fleischhauptstadt« von British Columbia, wendet sich der Trans Canada Highway bei Cache Creek nach Süden. Lytton und Yale, die verschlafenen Orte im Tal des Fraser River, kamen zu kurzem Ruhm, als der Goldrausch Mitte des 19. Jahrhunderts die Region erfasste: 1858 wurden in der Nähe von Lytton die ersten »nuggets« in Westkanada entdeckt. Viele Glücksritter, die sich damals durch die gefährlichen Stromschnellen des Fraser River gen Norden kämpften, verloren in den wild tosenden Fluten ihr Leben. Nicht umsonst heißt die engste Stelle des Fraser Canyon »Hell's Gate«, Tor zur Hölle.
Ein Band von Siedlungen zieht sich entlang des Trans Canada Highway, Greater Vancouver wächst und wächst. Letzter Stopp vor der Pazifikmetropole könnte der Fort Langley National Historic Park sein, ein restauriertes Fort der Hudson's Bay Company, das bei der Besiedelung von British Columbia eine entscheidende Rolle gespielt hat.

Die »Schöne am Pazifik«. Und dann *Vancouver*! Statistiken belegen, dass die Vancouverites mehr Wein trinken als der Durchschnitts-Kanadier, häufiger zum Essen ausgehen, längere Kaffeepausen machen und am meisten für Sportgeräte ausgeben – kein Wunder bei einer Stadt, die einen derart hohen Freizeitwert hat: Traumhafte Strände wie Kitsilano Beach liegen mitten im Stadtgebiet, von der City zum Yachthafen sind es nur zehn Minu-

ten, und das Skigebiet am Grouse Mountain liegt direkt vor der Haustür. Bei der Miss-Wahl »Wer ist die Schönste auf der Welt?« kämpft Vancouver zweifellos neben San Francisco, Sydney und Rio de Janeiro um den Spitzenplatz. Doch wie so häufig gibt es auch im Fall von Vancouver eine Kehrseite der Medaille: Die Immobilienpreise sind in den letzten Jahren ins Unermessliche geklettert, ganze Quartiere an der Seafront wurden von Hongkong-Chinesen gekauft, was der Stadt den Spottnamen »Hongcouver« oder »Vankong« eingebracht hat. Vancouver befindet sich in der Zwickmühle: Einerseits hat die Stadt schon immer gut daran getan, sich am pazifischen Raum zu orientieren – Toronto ist weit weg; andererseits muss sie jedoch fürchten, dass die Schere zwischen den asiatischen Superreichen und den einfachen Leuten immer weiter auseinander klafft. Vancouver muss gegensteuern und seine sympathischen »neighbourhoods« bewahren, menschliche Mikrokosmen innerhalb der Millionenmetropole. So wie Gastown, die Keimzelle der Stadt, wo Jack Deighton im Jahr 1867 einen Saloon eröffnete, der zum beliebtesten Treffpunkt und zur »Klatschbörse« der »digger« und Holzarbeiter an der Westküste wurde. Der Dampfplauderer Jack hieß bald »Gassy Jack« und lässt sich heute am Maple Square als Bronzestatue von Gästen aus aller Welt hofieren.

Was die Golden Gate Bridge für San Francisco ist die Lions Gate Bridge für Vancouver. Die Brücke, die den Stanley Park mit North Vancouver verbindet, wurde Ende der 1930er-Jahre mit Geldern der berühmten Brauer-Dynastie Guinness errichtet. links
Während die Totempfähle im Stanley Park von der jahrtausendealten Kultur der indianischen Ureinwohner zeugen oben, scheint die Statue eines Sprinters unten als Symbol für das moderne Vancouver zu stehen: Keine Stadt in Kanada wächst schneller als die Pazifikmetropole.

Planen und erleben …

Der kleine Ort Revelstoke, der seine Gründung im 19. Jahrhundert der Eisenbahn verdankt, wird von den Dreitausendern der Columbia Mountains überragt. oben
Das Legislative Building in Regina wurde 1912 fertig gestellt. Mitte
Die karge Erosionslandschaft im Dinosaur Provincial Park. unten

DIE HIGHLIGHTS

Toronto

Mit seinen Museen, Galerien, Parks und glitzernden Konsumtempeln bietet Toronto genügend Attraktionen für einen mehrtägigen Aufenthalt. Auf dem Pflichtprogramm jedes Besuchers sollte neben dem CN Tower das Royal Ontario Museum stehen, eines der wenigen multidisziplinären Museen der Welt.
Ein Pilgerziel für Kunstliebhaber ist die Art Gallery of Ontario, die eine hochkarätige Henry-Moore-Kollektion besitzt. Im Bata Shoe Museum geht es um alles, was Füße so zieren kann, und im ungewöhnlichen Hands-On Museum tauchen Kids und ihre Eltern in eine virtuelle und interaktive Welt ein. Der Film- und Amusementpark »Paramount Canada's Wonderland« spricht vor allem Action-Freunde an.
Wer's lieber beschaulich mag, fährt in die McMichael Gallery mit ihren Landschaftsgemälden, die im Norden der Stadt in einem herrlichen Park liegt. Ansonsten lädt Toronto einfach zum Schlendern ein, sei es in Yorkville, das vom Hippie-Viertel zum Yuppie-Treff avanciert ist, oder auf den Strandpromenaden von Toronto Islands (Fähre ab Hafen).

Niagara-on-the-Lake

Da die berühmten Niagara-Fälle in der Nähe liegen, lebt auch Niagara-on-the-Lake vom Tourismus, doch glücklicherweise kommt es ohne Nepp und Fastfood-Buden aus. Mit seinen liebevoll restaurierten viktorianischen Häusern und gepflegten Gärten wirkt das Städtchen beinahe wie eine Filmkulisse. Theaterfreunden ist der Ort wegen des renommierten Shaw Festivals (alljährlich von Ende Mai bis Mitte Oktober) ein Begriff, Genießer wissen eher die guten Weine zu schätzen. Auf der Niagara Peninsula liegen einige der angesehensten Weingüter Kanadas.

Regina

Die Hauptstadt von Saskatchewan besitzt eine Reihe von sehenswerten Museen, allen voran das Museum of Natural History oder das Science Centre (mit Imax Theatre), das physikalische Phänomene kurzweilig aufbereitet.
Im Legislative Building ist die Mackenzie Art Gallery untergebracht, die Werke zeitgenössischer kanadischer Maler zeigt, während sich die Native Heritage Foundation auf indianische und Métis-Künstler spezialisiert hat.
Über die Geschichte der legendären »Mounties« kann man sich im RCMP Centennial Museum am Sleigh Square informieren.

Cypress Hills Interprovincial Park

Die Höhepunkte des Parks kann man auf einem »self-guided drive«, einem asphaltierten Autorundkurs, »erfahren«. Der Park besteht aus zwei Abschnitten, »Blocks« genannt:

Im Dino-Fieber

An oder in naher Entfernung der Route liegen einige Orte, die sich Dinosaurier-Fans nicht entgehen lassen sollten. Im Süden des Cypress Hills Interprovincial Park ist die Stadt Eastend ein Zentrum der »Dino-Mania«. 65 Millionen Jahre stecken »Scotty« in den Knochen, einem Thyrannosaurus Rex, dessen nahezu vollständiges Skelett seit 1994 ausgegraben wird (Bustour ab Eastend). Der Pilgerort für Dino-Freunde schlechthin ist jedoch Drumheller im Nordosten von Calgary. Hier führt der Dinosaur Trail als 50 Kilometer langer Rundkurs in das tief eingeschnittene Tal des Red Deer River, in dem zahlreiche, bis zu 75 Millionen Jahre alte Saurierskelette freigelegt wurden. Einige Kilometer außerhalb von Drumheller liegt das Royal Tyrell Museum of Paleontology, das weltweit einen hervorragenden Ruf genießt – unter anderem, weil man es hier glänzend versteht, wissenschaftliche Sachverhalte kurzweilig aufzubereiten. Die Hauptattraktion des Museums ist die Dinosaurierhalle, in der Skelette und Nachbauten aller erdenklicher Saurier in Lebensgröße (!) ausgestellt sind. Ein weiteres Highlight findet man ebenfalls vor den Toren von Drumheller: den Dinosaur Provincial Park, einen der bedeutendsten »Dinosaurierfriedhöfe« der Welt, der von der UNESCO als World Heritage Site eingestuft wurde.

Die Hauptattraktion im Centre Block ist der mächtige Bald Butte, der mit 1281 Metern die höchste Erhebung zwischen den Rockies und Labrador darstellt. Von seinem Gipfel kann man an klaren Tagen bis zu 800 Kilometer weit nordwärts schauen.

Im West Block sollte man das restaurierte Fort Walsh besuchen.

Yoho National Park

Der Park im Herzen der Rocky Mountains hat zwei große Vorteile gegenüber seinen berühmteren »Vettern« Jasper und Banff: Die Bergwelt ist noch dramatischer, und das Gebiet ist touristisch längst nicht so überlaufen.

Wanderkarten erhält man im Besucherzentrum in Field, von wo aus man auch den Emerald Lake erreicht. Zu den Takakkaw Falls führt die reizvolle Yoho Valley Road.

Vancouver

Die fünf »Segel« des Canada Place, ursprünglich der kanadische Pavillon der EXPO 1986, sind das bekannteste Wahrzeichen von Vancouver. Den besten Überblick über die Stadt kann man sich vom Gipfel des Grouse Mountain verschaffen: In acht Minuten befördert einen die Gondel auf den gut 1200 Meter hohen Berg, der im Winter ein beliebtes Skigebiet der Vancouverites ist. Zu einem populären Touristenmagnet hat sich das Gastown-Viertel entwickelt, wo auch die Steamclock, die erste dampfgetriebene Uhr der Welt, steht. Am Robson Square sollte man unbedingt die Vancouver Arts Gallery besuchen, die kanadische, amerikanische und europäische Malerei zeigt. Über die Stadtgeschichte informiert das Vancouver Museum, das in seiner Dachform einen zeremoniellen Kopfschmuck der Westküsten-Indianer aufgreift. Weltruf genießt das Museum of Anthropology auf dem Gelände der University of British Columbia, das eine herausragende Sammlung zur Kunst und Kultur der Nordwestküsten-Indianer besitzt.

ON THE ROAD

Der Trans Canada Highway ist die meistbefahrene Straße des Landes und größtenteils vierspurig ausgebaut. Trotzdem ist in den Rocky Mountains im Winter Vorsicht geboten. Manchmal bringen heftige Schneefälle den Verkehr im Glacier National Park ganz zum Erliegen.

Zeitzonen

Auf dem Trans Canada Highway durchfährt man vier Zeitzonen: Eastern Time (6 Stunden hinter MEZ), Central Time (7 Stunden hinter MEZ, größtenteils in Manitoba und Saskatchewan), Mountain Time (8 Stunden hinter MEZ, in Alberta) und Pacific Time (9 Stunden hinter MEZ, in British Columbia).

Entfernungen

km	Toronto	4394
	694 km	
694	Sault-Ste.-Marie	3700
	710 km	
1404	Thunder Bay	2990
	698 km	
2102	Winnipeg	2292
	576 km	
2678	Regina	1716
	754 km	
3432	Calgary	962
	130 km	
3562	Banff	832
	486 km	
4048	Kamloops	346
	346 km	
4394	Vancouver	km

Torontos futuristischer Konsumtempel: das Eaton Centre an der Yonge Street. oben

Die Bürotürme der Banken und Versicherungen beherrschen die City von Tonroto. unten

Route 5
Durch Manitoba und Saskatchewan

Von der Hochhaussilhouette Winnipegs durch die Weite der Prärieprovinzen und den waldreichen Norden mit seinen Abertausend kristallklaren Seen und fischreichen Flüssen: Wer die Seele Kanadas ergründen will, findet sie auf dieser Tour.

Was kann schöner sein, als auf einem Motorrad durch die endlose Weite der Prärieprovinzen zwischen Winnipeg und den Rocky Mountains zu brausen?

Wo der Himmel das Land berührt

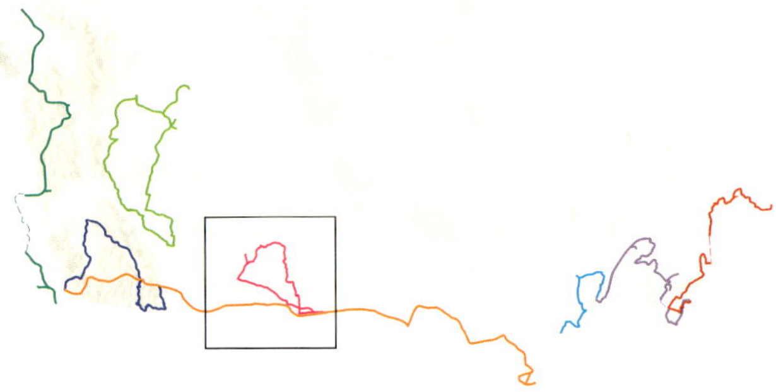

Bunte Getreidespeicher, die inmitten des Meeres gelben Weizens Farbtupfer setzen; goldene Turmspitzen ukrainischer Kirchen, in denen sich die Sonne spiegelt; Elche und Bisons, die durch die riesigen Wälder der Nationalparks ziehen; eifrige Biber, die in den zahllosen Seen ihre Dämme bauen: Im ländlichen Manitoba und im nördlichen Saskatchewan ist man der Schöpfung viel näher!

Die Landwirtschaft hat für das Wachstum der Provinz Manitoba immer eine bedeutende Rolle gespielt.

Das Klima Manitobas bestehe aus sieben Monaten arktischem und fünf Monaten kaltem Wetter, behaupten Spötter aus dem Osten Kanadas. Beim Gedanken an *Winnipeg* ziehen die Städter aus Toronto die Nase kraus: »Diese Kleinstadt in den unwirtlichen Tundren in the middle of nowhere?« Die 667000 Einwohner der Hauptstadt Manitobas sehen das gelassen und blicken wie der »Golden Boy«, eine 5 Tonnen schwere Statue auf der 72 Meter hohen Kuppel des Legislative Building von 1920, nach Norden. Dort, wo die reichen Ölfelder liegen, wartet Manitobas hoffnungsvolle wirtschaftliche Zukunft. Winnipeg ist pures Understatement. Man kleidet sich einen Tick formeller und konservativer als im restlichen Kanada und zelebriert in den In-Kneipen rund um The Forks am Zusammenfluss von Red und Assiniboine River, heute zur National Historic Site erklärt, Weinkennerschaft. Winnipegs Bohemians und Studenten dagegen tummeln sich im Osborne Village südlich der Osborne Street Bridge und leben gut damit, dass ihre Stadt eher eine der leisen Töne ist. Dabei hat Winnipeg mit dem Royal Winnipeg Ballet, dem Manitoba Theatre Centre und Kanadas schönster Art Gallery, die zeitgenössische kanadische Kunst und eine hervorragende Inuit-Sammlung zeigt, ein Aufsehen erregendes Kulturleben.

Der Zusammenfluss der großen Ströme Red River und Assiniboine River hieß bei den Cree- und Assiniboine-Indianern »Win Nipi« (schlammiges Wasser). 1738 hatte der französische Trapper und Glücksritter Pierre Gaultier de la Vérendrye hier einen Pelzhandelsposten gegründet, an dem die North West Company mit der Hudson's Bay Company konkurrierte.

Die Stadt selbst, 1874 gegründet, geht auf eine schottische Siedlung vom Anfang des 19. Jahrhunderts zurück. Streitereien mit Indianern und Métis, Mischlingen aus Indianern und Franzosen, die ihre traditionelle Lebensweise bedroht sahen, machten den ersten Siedlern das Leben schwer. Unter ihrem Führer Louis Riel erreichten die Métis, dass ihnen ein Teil des Landes am Red River zugestanden wurde. Heute lebt in Winnipeg die größte französische Bevölkerungsgruppe nach Québec, und neben einer großen ukrainischen Minderheit fühlen sich auch Briten, Deutsche, Chinesen und Isländer hier wohl.

Die Pionierzeit lebt! Wer mehr über die Geschichte der Hudson's Bay Company erfahren will, sollte den Abstecher über den Highway 9 Richtung Norden zum

Die riesigen Weizenfelder prägen den äußersten Südwesten Manitobas. Weiter im Norden erstrecken sich Seen und Wildnis bis hinauf zur arktischen Küste.

Lower Fort Garry bei Selkirk unternehmen. Nachdem eine Flutkatastrophe 1826 den ehemaligen Stützpunkt der Hudson's Bay Company, Upper Fort Garry, zerstört hatte, ließ Gouverneur George Simpson diese neue steinerne Festung rund 30 Kilometer stromabwärts bauen. Lower Fort Garry sicherte sich eine Monopolstellung als Versorgungszentrum der Siedler und blockierte den freien Handel. Nach 1870 brachen diese Strukturen zusammen.

Der Besucher gelangt über einen lauschigen Pfad entlang des Assiniboine River zum Fort – vorbei an den typischen York-Booten, in denen die Hudson's Bay Company schwere Ladungen auf reißenden Flüssen von den Rocky Mountains und der Arktis zum Red River transportiert hatte. Daneben steht vielleicht ein junger Mann mit zerrissener Uniform und zerkratztem Gesicht, der von seiner Rückkehr aus den Rockies, von Indianerüberfällen und dem Wintereinbruch erzählt. In dem Living museum spielen die Mitarbeiter die Zeit zwischen 1832 und 1870 nach und schildern anschaulich die Tücken des harten Pionierlebens.

»Tagelang braucht der Autofahrer, um die scheinbar endlosen Prärien zu durchmessen, in denen nur der weite Horizont das Gesichtsfeld begrenzt. Behäbiges Hügelauf und -ab prägt die Prärien, unterbrochen nur von den bunt leuchtenden Getreidesilos.«
Walter Weiss, Kanada, 1976

Miniaturwüste und endlose Wälder. Der Highway 1 Richtung Westen ist eine schnurgerade Straße. »Roadtrains« donnern vorbei, schier endlose Güterzüge scheppern auf den Schienen neben der Straße entlang. Bei Carberry sollte man den Highway 5 südwärts nehmen, um nach etwa 30 Kilometern den Eingang zum *Spruce Woods Provincial Park* zu erreichen. Wie in der Sahara fühlt man sich plötzlich mitten in Kanada. Hier existiert die weltweit einzige Wüste, deren Umfang immer mehr abnimmt. Da die Vegetation doppelt so schnell wächst, wie sich die Wanderdünen ausdehnen, sind seit 1982 die einst 25 Quadratkilometer gewaltiger Sanddünen auf unter 5 Quadratkilometer zurückgegangen. Den Park durchziehen schöne Wanderwege. Sowohl Koniferen, die Flora der Prärien als auch Pflanzen mit großem Wasserbedarf fühlen sich hier wohl. Im Park lebt die ungiftige Hognose Snake, die Giftschlangen imitiert, indem sie die Backen aufbläht, als würde sie gefährliche Giftzähne besitzen.

Die Bürotürme der Hauptstadt Manitobas, in der über die Hälfte der Bevölkerung der Provinz lebt, ragen hoch in den Präriehimmel. oben
Espenwälder, tiefblaue, kalte Seen und viel Ruhe lassen das Herz eines jeden Naturfreunds im Riding Mountain National Park höher schlagen. rechts
Ein echtes Kontrasterlebnis hierzu ist Downtown Winnipeg. unten

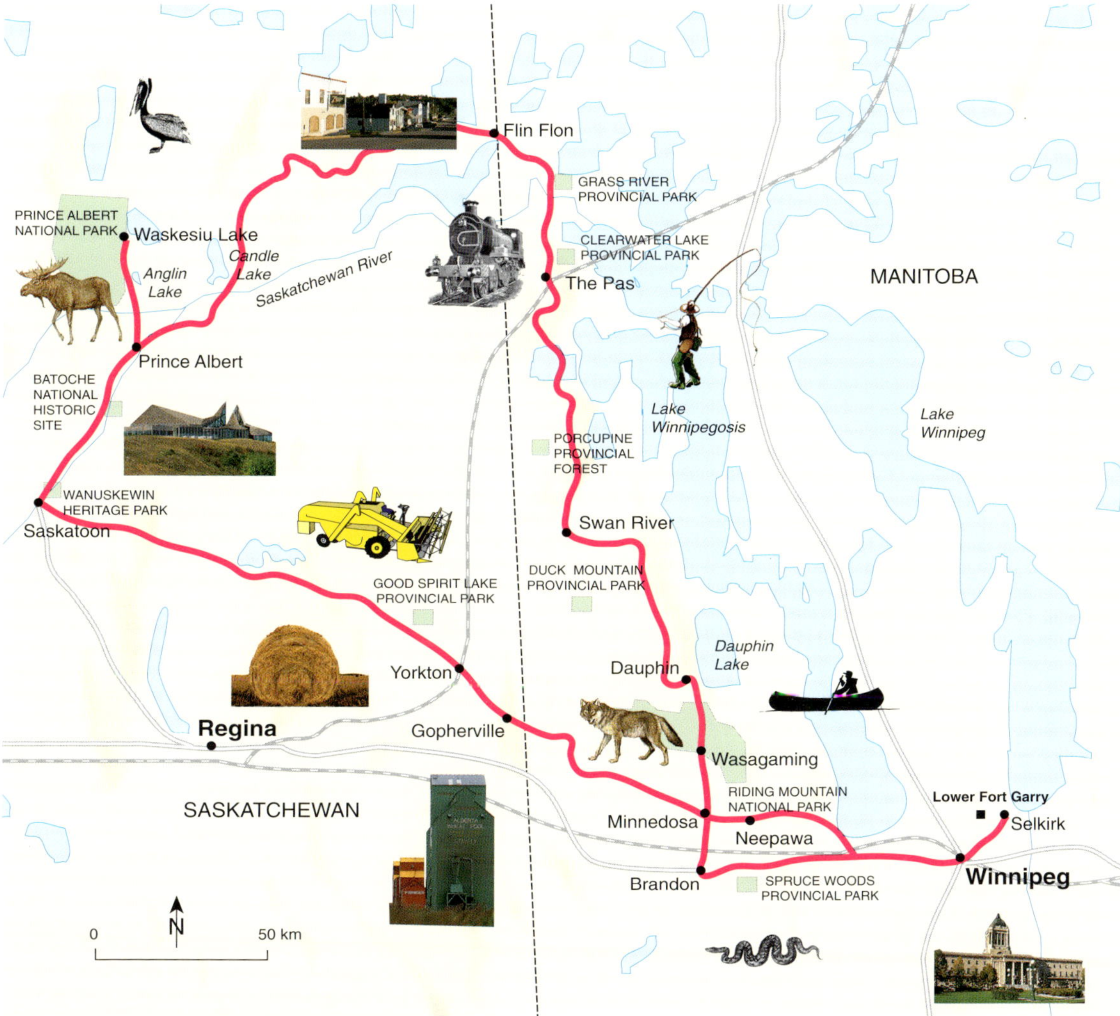

Bei Brandon zweigt der Highway 10 nordwärts zum *Riding Mountain National Park* ab. Er führt eine neue Landschaftsfacette Manitobas vor: steile Forststraßen, blaue Seen und endlose Espenwälder anstatt großflächiger Felder. Wasagaming, ein baulich ansprechender Ort nahe dem Südeingang des Parks, offeriert Unterkünfte und Freizeiteinrichtungen. Doch bei einer Tour mit den Park-Rangern scheint schon nach nur 15 Gehminuten die Zivilisation Lichtjahre entfernt zu sein. Dichtes Unterholz verstellt den Weg, bis sich plötzlich ein See auftut, durchschnitten von einem riesigen, aus glitschigen Baumstämmen und Ästen kunstvoll verwobenen Biberdamm. Links und rechts nur Wasser, abgestorbene Bäume, die wie Mahnmale in den Himmel ragen, eine dramatische, feuerrote

1867 wurde die University of Winnipeg gegründet. Das älteste Gebäude auf dem Campus stammt aus dem Jahr 1894. links

Im Clearwater Lake nehmen auch Elche gern ein Bad. oben
Um die Bisonherde im Riding Mountain National Park ausfindig zu machen, sollte man sich der Führung eines Rangers anvertrauen. Mitte
Flin Flon lebt vom Bergbau und von der Holzindustrie. unten

Sonne, die im See versinkt. Die Ranger wissen jeden geknickten Ast zu deuten und berichten, welche Tiere wann auf den Wegen entlanggezogen sind. Die Natur ist in Kanada eben allgegenwärtig, und jedes kanadische Kleinkind weiß darüber mehr, als der lexikongebildete Europäer. Gerade die Nationalparks Manitobas und Saskatchewans vermitteln das Gefühl, der Natur ganz nah zu sein. Dass der Funke der Begeisterung bei den Besuchern der Parks überspringt, liegt an den Rangern, die ihren Job rund um die Uhr leben. Sie ziehen privat nach Dienstschluss wieder los – nicht in die Disco oder ins Restaurant, sondern in die Wildnis, um beispielsweise Wilddieben das Handwerk zu legen. Immer wieder machen sie grausame Funde von Bären mit abgetrennten Pfoten – ein hochbezahltes Souvenir in Asien!

Manitoba – »Land der vielen Tausend Seen«: Dutzende klarer Seen liegen im Duck Mountain Provincial Park. links
Der Lake Winnipegosis ist ein Überbleibsel des gigantischen eiszeitlichen Lake Agassiz. oben und Mitte
Heute ist die Forstwirtschaft strengen ökologischen Kontrollen und genauen Schnittmengenbegrenzungen unterworfen. unten

Im wilden Norden. Kaum hat man den Park Richtung Norden verlassen, glaubt man, eine Fata Morgana zu erleben: Das Sonnenlicht spiegelt sich in den goldenen Turmspitzen einer ukrainischen Kirche. Die Church of the Resurrection in *Dauphin,* die schon von weitem zu sehen ist, zeigt den Einfluss ukrainischer Siedler auf das Farmerstädtchen. Familien aus den Karpaten ließen sich Anfang des 20. Jahrhunderts hier nieder. Jedes Jahr im August treffen sich die osteuropäischen Einwanderer aus ganz Kanada in Dauphin zum »Canada's National Ukrainian Festival«. Westlich des Highway 10 erstreckt sich der *Duck Mountain Provincial Park.* Seine Vegetation ähnelt der des Riding Mountain National Park. Wie die Riding Mountains und die nördlich gelegenen Porcupine Mountains erheben sich Fortsetzung Seite 106

Ein Leben im Einklang mit der Natur: Grey Owl

»Remember you belong to nature, not it to you. Kindness to animals is the ballmark of human advancement; when it appears nearly everything else can be taken for granted.« Der Mann, der dies sagte, trug Lederkleidung, lange indianische Zöpfe, und sein Gesicht war von den Entbehrungen in der Wildnis gezeichnet. Seiner Anhängerschaft war er unter dem indianischen Namen Grey Owl bekannt. Einen Tag nach seinem Tod im Jahr 1938 enthüllte der »Toronto Star«, dass Grey Owl eigentlich Brite gewesen war und Archibald Stansfeld Belaney geheißen hatte. Grey Owls Fan-Gemeinde fühlte sich betrogen, weil sie einem »falschen Wilden« aufgesessen war. Erst in den letzten Jahren entdeckt Kanada den zwiespältigen Mann und sein literarisches Werk wieder neu. Angesichts immer drängenderer Umweltprobleme und in einer Zeit der Wertediskussion sind Grey Owls Bücher aus den dreißiger Jahren aktuell wie nie zuvor. »Why should the last of the silent places be destroyed ruthlessly whilst we stand by in listless apathy, without making an effort ...? We need an enrichment other than material

Grey Owls Werte, Tun und Äußeres wurden indianisch. Seine Hütte im Riding Mountain National Park zeigt europäischen und indianischen Stil. alle Bilder

prosperity and to gain it we have only to look around at what our country has to offer.«

Die Geschichte von Grey Owl begann 1888 in Hastings an der englischen Küste. Der junge Archibald erwies sich schon in der Schule als Träumer. Er kehrte England den Rücken, kam 1907 in Halifax in New Brunswick an und gelangte ins nördliche Ontario. Doch die Phantasien seiner Kinderzeit deckten sich nicht mit der harten Realität, von Moskitos aufgefressen und klatschnass geregnet zu werden oder bei minus 60 Grad Celsius im Freien schlafen zu müssen. Archibald ging zurück nach England, war jedoch zum Sonderling und Wanderer zwischen den Welten geworden. Innerhalb eines Jahres kehrte er nach Kanada zurück, wurde verletzt und musste erneut nach England reisen. Dort heiratete Archibald 1917 seine Jugendliebe Ivy Constance Holmes – sie ganz Dame der High-Society, er infiziert von den endlosen Wäldern. Wieder floh er nach Kanada, fand aber sein Paradies bereits von skrupellosen Bodenspekulanten verhökert. Er zog sich tiefer in die Wildnis zurück und begann, sich wie ein Indianer zu kleiden. Archie lernte ein Mädchen kennen, das es verabscheute, Tiere zu töten. Als in seinen Fallen zwei erwachsene Biber umkamen und zwei Junge zurückließen, überredete ihn seine Freundin, die Biberjungen mit der Flasche aufzuziehen. So entwickelte sich Archie vom Trapper zum Tierschützer. 1929 veröffentlichte er seinen ersten Artikel in dem englischen Outdoor-Magazin »Country Live«, andere aufrüttelnde Werke folgten. Ein mörderischer Stundenplan mit Lesungen in Europa und den USA, Alkoholexzesse, Depressionen, Phasen fast manischen Schreibens bestimmten sein Leben. Am 13. April 1938 starb Grey Owl an einer Lungenentzündung im Hospital in Prince Albert.

Auf den Spuren von Grey Owl

1931 erlangte Grey Owl mit seinem ersten Buch, »Man of the Last Frontier«, die gewünschte Aufmerksamkeit. Der Riding Mountain National Park in Manitoba offerierte ihm eine Stelle als Naturkundler. Er empfand die Arbeit jedoch als zu restriktiv und bat um seine Versetzung in den Prince Albert National Park in Saskatchewan. Dort schrieb er weitere Bestseller. Um sein Werk wirklich zu erfassen, bietet sich eine Tour durch den Prince Albert National Park an: Auf verschwiegenen Pfaden geht es durch menschenleere Espenwälder, die doch voller Leben sind. Schwarzbären queren den Pfad, und in der Dämmerung sieht man ab und zu die scheuen Elche. Mit einem Kanu kann man über den Ajawaan Lake übersetzen und Grey Owls Freunde, die Biber, beim Dammbau beobachten. Wer dann nahe Grey Owls Beaver Lodge anlegt, versteht den Zauber dieses friedvollen Ortes, an dem seine rastlose Seele kurzzeitig Ruhe fand.

Wenig hat sich seit den Zeiten verändert, als Grey Owl in der Beaver Lodge am Ajawaan Lake im Prince Albert National Park lebte. Auch heute führt keine Straße zu der Hütte. Wer sie besuchen möchte, muss sich zu Fuß oder mit dem Boot auf den Weg machen. oben
Grey Owl, der zwei Biber mit der Flasche aufzog unten, bewunderte die Intelligenz dieser Tiere.

Die weithin sichtbaren »grain elevators«, die riesigen Getreidesilos, werden heute kaum mehr benutzt.

auch die Duck Mountains bis zu 800 Meter über den Meeresspiegel und sind von vielen Seen durchsetzt. Der Baldy Mountain ist der höchste Berg des Parks. Er markiert mit 831 Metern zugleich Manitobas höchste Erhebung und verspricht mit seinem Aussichtsturm wunderbare Ausblicke über schier endlose Wälder. Näher betrachten sollte man allemal den 60 Meter tiefen East Blue Lake, der so klar ist, dass der Grund bis in 9 bis 12 Meter Tiefe zu sehen ist.
Über den gemütlichen Ort Swan River und vorbei am ausgedehnten Waldgebiet des *Porcupine Provincial Forest* mit seinen schönen »hiking trails« erreicht man das nördliche Seengebiet an der Grenze zwischen Manitoba und Saskatchewan.
The Pas mit über 6000 Einwohnern ist einer der Orte, der sich »gateway to the North« nennt. In der Christ Church, einer 1840 von einem indianischen anglikanischen Priester gegründeten Blockhauskirche, sind das Vaterunser und die Zehn Gebote in der Sprache der Cree-Indianer angebracht. Teile der Inneneinrichtung wurden von den Schiffsbauern angefertigt, die 1847 an der Expedition in die Arktis teilnahmen, um den seit 1846 verschollenen britischen Admiral und Polarforscher Sir John Franklin zu suchen. Die Eisenbahnstation des Ortes ist seit 1928 Ausgangspunkt für Touren an die arktische Küste der Hudson Bay. Ein bis zwei Tage sollte man in The Pas verweilen, um den Clearwater Lake Provincial Park und den Grass River Provincial Park zu besuchen, dort zu wandern und zu fischen.
Wenn schon The Pas ein nördliches »gateway« ist, darf sich *Flin Flon* erst recht so betiteln. Der Name leitet sich von Josiah Flintabbatey Flonatin ab, der Figur eines Groschenromans, den Goldsucher 1915 in der Gegend fanden. Bald kürzten die Namensgeber den Ort, der heute 8000 Einwohner hat, mit Flin Flon ab. Ein US-Cartoonist entwarf später eine 7,5 Meter hohe witzige Figur des Herrn Flonatin, die mitten im Stadtzentrum steht.
Nördlich von Flin Flon stellen Tausende von baumbestandenen Inseln, Wasserfälle und reißende Stromschnellen ein Dorado für Angler und Kanuten dar. Erst hier oben beginnt eigentlich das, was Wildnis-Fanatiker als Einsamkeit gelten lassen. Von Flin Flon aus erreicht man per Flugzeug ansonsten von der Zivilisation völlig abgeschnittene Camps. Der Highway 106 öffnet einen Teil des nördlichen Saskatchewan. Auf dieser Straße ist nichts

Die aus Ästen und Schlamm erbauten Burgen der Biber ragen bis zu zwei Meter aus dem Wasser. oben
Wo in den nördlichen Regionen die Straßen enden, beginnt das Reich der Piloten. unten
In die kleine Raststation Timber Love nördlich des Prince Albert National Park verirren sich nur wenige Gäste. rechts

Spektakuläres zu erwarten, dafür aber eine große Stille, »big sky« und Seen, Seen, Seen. Der *Candle Lake* beispielsweise verdankt seinen Namen einer alten indianischen Legende, nach der Kerzen auf dem See tanzen sollen. Weniger poetisch und meht physikalisch betrachtet, sind das allerdings Sumpfgase, die sich entzünden.

Das Paradies der großen Freiheit. Das Städtchen *Prince Albert*, das sich hübsch an den Saskatchewan River schmiegt, ist Versorgungszentrum für die nördlich gelegenen Parks und Orte. Drei kanadische Premierminister lebten hier zeitweise: Sir Wilfrid Laurier (1841–1919), William Lyon Mackenzie King (1874–1950) und John George Diefenbaker (1895–1979), dessen Haus die Lebensgeschichte des Politikers dokumentiert. Prince Albert lebt heute von der Forstwirtschaft. Eine der weltweit größten Papierfabriken, Weyerhaeuser Pulp & Paper Mill, ist 18 Kilometer östlich der Stadt angesiedelt und organisiert Führungen durch die Papiermühle.
Einer der Höhepunkte Westkanadas liegt nur 45 Fahrtminuten nördlich der Stadt, der *Prince Albert National Park*. Zentrum ist der Ort Waskesiu Lake, der sich perfekt in die Landesnatur einpasst. Im Nature Centre werden Vorträge gehalten und Wechselausstellungen gezeigt. Im Prince Albert National Park ist neben Elchen und Wapitis auch eine große Population Karibus heimisch geworden. Hier äst eine Herde von Weißschwanz-Bisons, und am Lac Lavallée nisten Pelikane – die zweitgrößte Kolonie in Kanada. Ähnlich wie der Riding Mountain National Park besitzt auch der Prince Albert National Park ausgedehnte Espenwälder. In beiden Schutzgebieten wurden im Rahmen von Arbeitsbeschaffungsmaßnahmen während der Weltwirtschaftskrise Männer in Camps zusammengefasst, um Straßen zu bauen, Wanderwege anzulegen oder Gebäude zu errichten.
Teils innerhalb, teils außerhalb des Parks liegt der *Anglin Lake* mit einigen Ferienhäuschen und einem kleinen Hotel. Auf dem tiefblauen Landschaftsjuwel werden Boots- und Kanutouren organisiert, bei denen man »loons« beobachten kann, Wasservögel, die nicht etwa kopfüber, sondern wie ein kleines U-Boot abtauchen. Mal schwimmen sie so, dass nur Kopf und Hals wie ein Sichtrohr aus dem Wasser ragen, mal sieht man den ganzen Körper. Das ungewöhnliche Tier, das auch unter Wasser pfeilschnell ist, ziert den kanadischen Dollar, der liebevoll »Loonie« genannt wird. Vor einigen Jahren wurde am Anglin Lake ein Skelett gefunden, das 500 Jahre alt war. Die Nationalparkbehörde fand heraus, dass es sich dabei um eine junge Indianerin gehandelt haben muss. Ihr Stamm setzte sie feierlich am Anglin Lake bei. Geladen waren zu der Zeremonie auch Weiße – ein immenser Vertrauensbe-

Der Lac La Ronge Provincial Park ist der größte Provinzpark Saskatchewans. Das bewaldete Gebiet mit seinen etwa hundert Süßwasserseen lädt zum Angeln, Kanufahren, Campen und Wandern ein.

Indianerzelte oben im Wanuskewin Heritage Park und Cowboy-Stiefel Mitte – Symbole für Indianer und Weiße, die ihre Konflikte überwinden. Saskatoon ist die »Stadt der Brücken«. Die Broadway Bridge überspannt hier den South Saskatchewan River. unten

weis und ein Beispiel für die vielen kleinen Schritte, die momentan in Kanada die »natives« und die Europäischstämmigen aufeinander zugehen.

Plätze von historischer Bedeutung. Nicht um »natives«, sondern um Mischlinge geht es beim nächsten Stopp etwas abseits des Highway 11 auf halbem Weg zwischen Prince Albert und Saskatoon. Die *Batoche National Historic Site* dokumentiert die Geschichte der Métis. Batoche war im späten 19. Jahrhundert das Zentrum der Métis-Besiedlung, und der Métis-Revolutionär Louis Riel wählte Batoche nach der Rebellion von 1885 als Standort für seine provisorische Regierung. »Interpretive trails« führen zum Schlachtfeld, auf dem General Middleton mit achthundert Soldaten der Northwest Mounted Police hundert Indianer und Métis angegriffen hatte. Riel musste sich ergeben und wurde zum Tode verurteilt. Das dreitägige Fest »Back to Batoche Days«, das Ende Juli stattfindet, versetzt Einwohner und Gäste in die Vergangenheit – »back into time«.
Der *Wanuskewin Heritage Park*, 3 Kilometer nördlich von Saskatoon, ist ein hauptsächlich von Indianern konzipiertes Zentrum, das sich behutsam mit ihrer Kultur auseinander setzt und für ein besseres Verständnis wirbt. Schon vor 6000 bis 7000 Jahren sollen an dieser Stelle Indianer gelebt haben. Moderne Touch-Screen-Computertechnik gehört genauso zum Museum wie Wanderwege durch das Gelände und die Vorführung indianischer Handwerkskünste. Eine Frau töpfert und brennt Gefäße auf althergebrachte Weise, vor einem Tipi, dem typischen Zelt der Prärie-Indianer, wird die fingerfertige Kunst des Korbflechtens vorgeführt.
Wege lenken den Besucher entlang des South Saskatchewan River zu Standorten der ehemaligen Dörfer. Unter den archäologischen Funden gibt ein »medicine wheel«, ein Steinkreis ähnlich den keltischen »stonecircles«, Rätsel auf. Handelte es sich um einen Plan der Medizinmänner oder einen astrologischen Kalender? Keine der Deutungen ist wirklich zu beweisen.

Im Herzen der Prärie. *Saskatoon* sollte ursprünglich »Minnetonka« heißen. Als aber der Methodistenpfarrer und Ortsgründer John Lake 1882 rote Beeren mit dem Namen »Misaskwatomin« kostete, schmeckten ihm diese so gut, dass er das Wort zu »Saskatoon« verbrämte. Von Beeren allein ließ sich schlecht leben.
Zugleich schreckte der Pfarrer Neusiedler mit seiner Abstinenzlerkampagne eher ab: Um die Jahrhundertwende hatte die Stadt erst 117 Einwohner! Warum sie schließlich doch noch aufblühte, erzählt das Western Development Museum unter dem Motto »Boomtown 1910«. In einer detailgetreu rekonstruierten Straße sieht man nicht nur Leute im Jahrhundertwende-Outfit wan-

deln. Man hört auch Pferdehufe klappern, und aus der Schmiede dringt das Geräusch von Hammer und Amboss ans Ohr. Heute ist Saskatoon, das stark vom Durchgangsverkehr auf dem Yellowhead Highway nach Edmonton und weiter nach Alaska profitiert, das Wirtschafts- und Wissenschaftszentrum von Saskatchewan.

Durch sanft gewelltes Farmland führt der Yellowhead Highway 16 südostwärts. Als Stopover bietet sich der *Good Spirit Lake Provincial Park* an. Höchst ungewöhnlich ist, dass der Süßwassersee von bis zu 5 Meter hohen Sanddünen umgeben ist. Im Western Development Museum der kleinen Stadt *Yorkton* wird dargestellt, wie die westkanadischen Immigranten lebten, beispielsweise anhand eines Pionierheims mit lebensgroßen Figuren.

Gopherville ist der letzte Ort Saskatchewans vor der Grenze zu Manitoba und zudem eine Art Kuriositätenschau. »Gopher« ist der gängige Spitzname für das »ground squirrel«, eine in Erdhöhlen lebende Eichhörnchenart. Einige aus Holz geschnitzte Exemplare des Nagetiers grüßen denn auch den Besucher. Aber in Gopherville gibt es auch das größte Fahrrad der Welt mit 44 Sitzen und »Goliath«, die höchste Schaukel der Welt zu bestaunen. Über Minnedosa und Neepawa mit seinem Beautiful Plains Museum geht es schließlich zurück zum Ausgangspunkt der Rundfahrt nach Winnipeg.

In den frühen siebziger Jahren wurden alte Gebäude im Zentrum Winnipegs durch Hochhäuser ersetzt. Mitte

Das schlossähnliche »Delta Bessborough Hotel« gilt als Wahrzeichen Saskatoons. rechts

Planen und erleben ...

Fort Carlton im Norden Saskatoons ist heute ein Provincial Historic Park. oben

Ein Geschäft im Western Development Museum in Saskatoon. Mitte

Die Seen des Prince Albert National Park laden zum Bootfahren ein. unten

DIE HIGHLIGHTS

Winnipeg

Highlight der Stadt ist das aufwändig konzipierte Manitoba Museum of Man and Nature, das die Beziehung von Mensch und Natur beleuchtet. Die »Nonsuch« ist der Nachbau des Schiffes, das sich 1668 von England aufmachte, die Nordwestpassage zu finden. Es wurde 1970 zum dreihundertjährigen Jubiläum der Hudson's Bay Company gebaut und segelte 14 000 Meilen, bis es hier im Museum vor Anker ging. Der 22 Hektar große historische Park »The Forks« umfasst Markthallen, Restaurants, Geschäfte und das liebevoll gemachte Children's Museum. In der Winnipeg Commodity Exchange können Zuschauer auf der Galerie vormittags am Geschehen der Weizenbörse teilhaben. Das Ukrainian Cultural Centre beherbergt ein historisches und ethnographisches Museum. In der Nähe des Centennial Centre steht gut erhalten die erste Dampflokomotive Winnipegs, die »Countess of Dufferin«. Es lohnt sich, an geführten Themenspaziergängen durch verschiedene Stadtviertel teilzunehmen, beispielsweise durch den Exchange District. Jenseits der Red River liegt Winnipegs französisches Viertel St.-Boniface. Das St.-Boniface Museum, ein ansprechendes Eichen-Blockhaus aus dem Jahr 1846, stellt die Geschichte der französischen Minderheit Manitobas dar. In der St.-Boniface Cathedral, der ältesten Kathedrale Westkanadas, ruht Louis Riel, der sich für die Rechte der Métis eingesetzt hatte. Sein Geburtshaus ist ein Museum.

Riding Mountain National Park

Der rund 3000 Quadratkilometer große Park mit seinen Espenwäldern und dem offenen Grasland ist selbst bei Kanadiern eher unbekannt. Hier sind Bären, Hirsche, Wapitis, Elche und viele Vögel heimisch. Vom Ausgangsort Wasagaming kann man wunderbare Tages- und Mehrtageswanderungen, Rad- und Reittouren unternehmen. Es existiert auch ein besonders schöner Golfplatz. Im Sommer wird ein Theater- und Kulturprogramm angeboten.

Prince Albert National Park

Der Park wurde 1927 gegründet und bewahrt auf einem Areal von 3875 Quadratkilometern Seen, Flusssysteme und ausgedehnte Wälder. Wölfe, Biber, Wapitis, Dachse und viele andere der wilden Tiere Kanadas leben hier. Der Ort Waskesiu Lake ist Ausgangspunkt für Kanu- und Mountainbiketouren, Wanderungen und Fahrten mit dem Schaufelraddampfer.

Saskatoon

Saskatoon liegt hübsch am breiten South Saskatchewan River. Eine Fahrt mit dem Cruise-Boot gehört im Sommer zum Pflichtprogramm. Städtebauliches Wahrzeichen Saskatoons ist das »Delta Bessborough Hotel«, ein Eisenbahnhotel aus den dreißiger Jahren. Alle sehenswerten Gebäude reihen sich entlang des Flusses, beginnend im Norden mit der Mendel Art Gallery, die eine ständige Sammlung von Gegenwartskunst und von älterer Kunst aus Kanada und

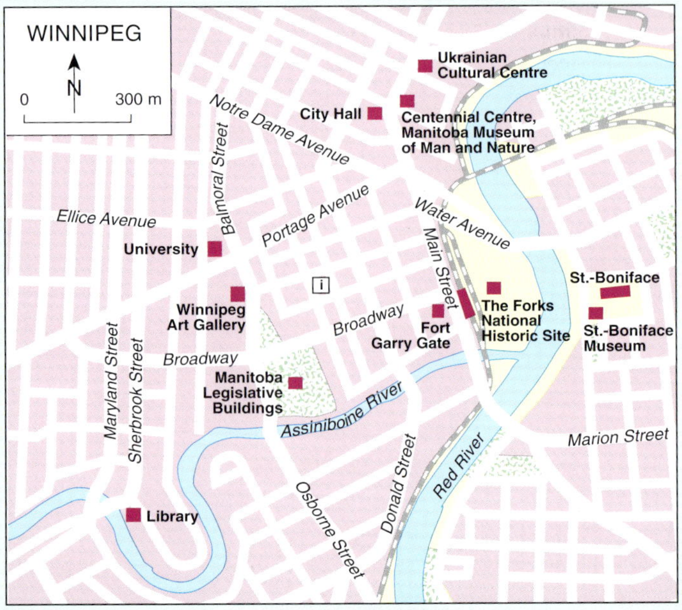

Polar Bear Watching

Winnipeg ist Ausgangspunkt für Touren nach Churchill am Südwestufer der Hudson Bay, berühmt für seine Eisbären. Buchbar ist ein Eisenbahntrip inklusive Schlafwagen und Mahlzeiten mit VIA Rail in den Norden (1600 Kilometer), der zwei Nächte und einen ganzen Tag dauert. Auch ab The Pas kann man mit der Eisenbahn nach Churchill fahren. Calm Air International fliegt ab Winnipeg. In Churchill gibt es diverse Veranstalter, die mit hochrädrigen, geländegängigen Spezialfahrzeugen Beobachtungstouren zu den Eisbären durchführen. Im Spätherbst sammeln sich Hunderte der weißen Riesen an der Mündung des Churchill River und streunen dann rings um den Ort herum, manchmal sogar auf der Hauptstraße. Churchill liegt direkt auf einer uralten Wanderroute der Eisbären, und die Herren der Arktis lassen sich eben nicht aus ihren Gewohnheiten bringen.

Europa zeigt. Das Ukrainian Museum of Canada, das den ukrainischen Einwanderern gewidmet ist, schließt sich an. Auf dem Gelände der University of Saskatchewan auf der anderen Flussseite gibt es ebenfalls Museen: Die St. Thomas More Art Gallery zeigt Gemälde lokaler und regionaler Künstler. Das Right Honourable John G. Diefenbaker Centre präsentiert persönliche Gegenstände des 13. kanadischen Premierministers »Dief«.

ON THE ROAD

Ökotourismus

Neben Hotels, Bed & Breakfast, Campingplätzen, Jugendherbergen, Wildnislodges und Guest Ranches sind als Übernachtungsvariante ökotouristische Projekte sehr interessant, die von Indianern geführt werden. Sie machen dabei behutsam mit ihrer Lebensweise bekannt. Der Gast wohnt teilweise in Tipis, den typischen Zelten. Beispiele sind Shawenequanape Kipichewin am Lake Katherine im Riding Mountain National Park oder A wawa tae me kee wapa am Setting Lake.

Interessante Feste und Veranstaltungen

Im Februar findet in Winnipeg das »Festival du Voyageur« statt, bei dem Hundeschlittenrennen zu sehen sind, ein Kostümball organisiert wird und Eisskulpturen angefertigt werden. The Pas lockt im Februar mit dem »Northern Manitoba Trapper's Festival«, bei dem es viele Wettkämpfe gibt. Ende Juli bietet das »Canada's National Ukrainian Festival« in Dauphin Tänze, traditionelle Kostüme und leckere ukrainische Gerichte. In Batoche findet zu dieser Zeit das Fest »Back to Batoche Days« statt. Mitte August zeigen Winnipegs verschiedene Siedlergruppen Folkloristisches beim »Folklorama«.

Souvenirs

Eine gute Auswahl an Kunsthandwerk der Urvölker kann man in Winnipeg bei »Northern Images« und der »Crafts Guild of Manitoba« (in und am Einkaufszentrum Portage Place) erstehen: Inuit Art bei »Northern Images«, Kunstgegenstände anderer »First People« bei der »Crafts Guild«.

Auch im Public Market im Viertel »The Forks« gibt es neben vielen anderen Geschäften einen besuchenswerten Kunstgewerbeladen.
In Saskatchewan haben sich Kunsthandwerker zur »Saskatchewan Crafts« zusammengeschlossen. Überall dort, wo das Schild mit der aufgehaltenen Hand und dem Keramiktopf an der Straße zu sehen ist, kann man in den Ateliers der Kunsthandwerker empfehlenswerte Souvenirs einkaufen.
Wie das Crafts Council haben auch lokale Farmer der Prärieprovinzen ein Qualitätslabel eingeführt. Das Schild mit Maiskolben und Kürbis zeigt an, wo Bauernmärkte stattfinden.

Entfernungen

km		
km	**Winnipeg**	2313
	77 km	
211	**Brandon**	2102
	107 km	
372	**Dauphin**	1941
	115 km	
543	**Swan River**	1770
	86 km	
773	**The Pas**	1540
	123 km	
913	**Flin Flon**	1400
	172 km	
1406	**Prince Albert**	907
	107 km	
1529	**Saskatoon**	784
	107 km	
1861	**Yorkton**	452
	107 km	
2313	**Winnipeg**	km

Das Legislative Building in Winnipeg. links oben
Die Viehzucht erzielt in den Provinzen Manitoba und Saskatchewan hohe Gewinne. Mitte
Hot dogs – ein schneller Mittagsimbiss für Stadtbummler und Büroangestellte. unten

Route 6

Von Edmonton durch den hohen Norden

Von Edmonton, dem »Tor zum Norden«, auf einsamen Highways bis zu den letzten Außenposten der Zivilisation: Zwischen endlosen Weizenfeldern und karger Tundra locken grandiose Naturerlebnisse.

Im Norden Albertas dominiert die Wildnis: Wälder, Seen und Sümpfe prägen die Landschaft wie hier im Wood Buffalo National Park.

An der Grenze der Zivilisation

Ungebändigte Flüsse und riesige Seen, großartige Wildlife-Paradiese in überwältigend schönen Nationalparks und alte Forts, die an das entbehrungsreiche Leben der ersten Pioniere erinnern: Für Kenner beginnt das echte Kanada erst dort, wo endlose Highways in die unermessliche Weite des Nordens jenseits des 60. Breitengrades führen, wo der Winter noch bis weit ins Frühjahr hinein regiert.

Im Fort Edmonton Park wird die »gute alte Zeit« lebendig. Ein Straßenzug der Pionierstadt von 1885, Häuser und Läden aus den zwanziger Jahren des 20. Jahrhunderts sowie Darsteller in historischen Kostümen spiegeln die Geschichte Edmontons wider.

Es rieb Bauherren, Ingenieure und Statiker auf – das Gigantonomieprojekt im Westen *Edmontons*, der Provinzhauptstadt von Alberta. Und dennoch wurde die West Edmonton Mall fertig, das weltgrößte überdachte Einkaufs- und Vergnügungszentrum mit achthundert Geschäften, Eislaufbahn, Badelandschaft, Indoor-Minigolfanlagen, Aquarium, dem Deep Sea Adventure und gut hundert Restaurants! Aber bei bis zu minus 40 Grad Celsius im Winter versteht man die Begeisterung der Menschen für diese Shopping Mall, ebenso wie für die unterirdische Einkaufsstadt nahe der City Hall: Kragen hochgeschlagen, um eine zugige Ecke gehuscht und ab in den Untergrund.

Nach großen wirtschaftlichen Problemen geht es der fünftgrößten Stadt Kanadas und ihren rund 860 000 Einwohnern mit High-Tech-Industrie und Transportunternehmen recht gut. Nur noch allein auf die Ölindustrie zu setzen, die den Reichtum Edmontons begründete, wäre heute fatal. 1947 wurde im Vorort Leduc Öl entdeckt. Status quo sind nun über zweitausend Öl- und Erdgasquellen in einem Umkreis von 40 Kilometern um die Stadt. Für den Fall, dass sie versiegen sollten, blicken die Ölfirmen hoffnungsvoll Richtung Norden, wo riesige Vorkommen von Ölsanden auszubeuten wären. 1897/98, nach Goldfunden am Klondike, wurde Edmonton für die »digger« aus aller Herren Ländern zur wichtigsten Versorgungsstation. Die Klondike Days im Juli erinnern noch heute an die »good old days«. Durch die Ölfunde und die damit entstehenden zahlreichen Beschäftigungsmöglichkeiten zog Edmonton Mitte dieses Jahrhunderts erneut Menschen anderer Nationen an. Spätestens seit 1942, als der Bau des Alaska Highway begann, bildet die Stadt das Tor zum wilden Norden.

Der Handel prägte die Stadt schon immer: Der Fort Edmonton Park, das größte Freilichtmuseum Kanadas am Südufer des North Saskatchewan River, ist für den Besucher ein kurzweiliger »flashback« in die Geschichte der Stadt. Hier werden die wichtigsten Epochen nachgestellt: von den Anfängen Ende des 18. Jahrhunderts, als Edmonton nichts weiter war als ein Fort der Hudson's Bay Company, bis in die zwanziger Jahre des letzten Jahrhunderts.

Sprungbretter in den hohen Norden.

Schon in Höhe des *Lesser Slave Lake*, den man von Edmonton über den Highway 2 erreicht, wird es im Sommer nicht mehr richtig dunkel. So diffus wie das milchige Licht sind auch die Gefühle, die das Gebiet

Die West Edmonton Mall ist das größte überdachte Einkaufszentrum der Welt. Diese Halle wurde einem Pariser Boulevard nachempfunden.

»Erst wenn der Wagen Stunde für Stunde sich durch die unberührte Wildnis geschwungen hat ..., wenn die ewige Einsamkeit unentwegt vor mir her aufgetaucht und hinter mir wieder versunken ist ..., dann erst offenbart diese Erde in all ihrer Pracht und Verlassenheit ihr innerstes Herz ...«
A. E. Johann, Nach Kanada sollte man reisen, 1968

Am Lesser Slave Lake haben Petrijünger bestimmt Glück. oben
Die West Edmonton Mall ist eine Welt für sich. In einer künstlichen Lagune begeistern neben dem Nachbau der »Santa Maria«, dem Schiff von Kolumbus, auch Delphin-Shows die zahlreichen Besucher. unten

um den See wachruft: Angesichts der Indianerreservate, die von Hoffnungslosigkeit und Frustration erzählen, befällt einen eine gewisse Beklemmung. Dafür entschädigt jedoch der herrliche Blick über den riesigen See vom 1006 Meter hohen Marten Mountain im *Lesser Slave Lake Provincial Park*.
Auf dem Weg nach Norden passiert man den hübschen Ort *McLennan*. Hier lohnt der Kimiwan Birdwalk, ein von Pfaden durchzogenes Feuchtgebiet, einen Besuch, denn man kann ungewöhnliche Vogelarten beobachten – Geduld ist dabei natürlich vorausgesetzt.
Wer auf dem Highway 2 weiter nordwärts reist, sollte sich spätestens beim Eintreffen in *Peace River* darüber klar sein, dass er die Zivilisation allmählich hinter sich lässt. Der Blick am Sagitawa Lookout über den Zusammenfluss der gewaltigen Wasserwege Peace, Smokey und Heart River zeigt an, dass hier die unerbittliche Natur beginnt. Das Peace River Centennial Museum dokumentiert die Zeit, als der Ort ein Handelsplatz von Trappern und Pelzhändlern war.

Auf dem Mackenzie Highway. Heute ist Peace River Ausgangspunkt für eine Fahrt auf dem 1949 gebauten Mackenzie Highway in die Northwest Territories. Offizieller Beginn der abenteuerlichen Fahrt ist jedoch *Grimshaw*. Auch wenn es entlang der Route nicht offen zutage tritt – der Norden ist im Umbruch. Erdöl- und Erdgasförderung, Holzwirtschaft und Erzabbau drängen die Natur immer weiter zurück. Schon in *Manning* oder *High Level* arbeiten die meisten Menschen der Region nicht mehr auf Farmen, sondern bei Ölbohrfirmen.
Begleiten zunächst noch Farmland und bunte Getreidespeicher den Highway, verändert sich die Landschaft doch allmählich und geht in baumlose Tundra über, hin und wieder mit kleinen Birkenwäldern, Sümpfen und Seen durchsetzt. Der extreme Norden Kanadas ist dann ein ödes Land. Die Tundra im Yukon und in den Northwest Territories erstreckt sich endlos bis hinein in die Arktis. Permafrost und

Schneestürme, Mitternachtssonne und eisige Winde machen den Ureinwohnern und den wenigen Weißen das Leben schwer. Bei 86 000 Menschen in dieser Region beträgt die Bevölkerungsdichte nur einen Einwohner pro 45 Quadratkilometer. Wer hier lebt, ist ein wortkarger Geselle mit Skepsis im Blick: Wer von »draußen« kommt, und sei es nur aus Peace River, ist zweifellos kein »sourdough«. Der Begriff »Sauerteig« stammt aus dem vergangenen Jahrhundert und bezeichnete all jene, die mit selbst gebackenem, ungesäuertem Brot in der Wildnis überlebten. Auch heute ist nur der anerkannt, der mindestens ein Jahr nördlich des 60. Breitengrades gelebt hat – ohne Unterbrechung und auch im Winter, wenn die Temperaturen auf minus 50 Grad Celsius fallen! Der Reiz von Yukon und Northwest Territories, die

Im Wood Buffalo National Park bildet die weite Salzebene einen Kontrast zu Wäldern und Flüssen. oben
Granitfelsen und Wälder begleiten den Highway nach Yellowknife. Mitte
Aus Büffelhörnern werden in Fort Smith Kunstwerke geschnitzt. unten

Der Hay River geleitet den Mackenzie Highway bis zum Great Slave Lake. oben
Abdrücke in der Salzebene zeugen davon, dass auch Wölfe im Wood Buffalo National Park zu Hause sind. unten
Bei den Alexandra Falls stürzt der Hay River tosend in die Tiefe. großes Bild

zusammengenommen mit 3,8 Millionen Quadratkilometern zweieinhalb mal so groß wie Alaska sind, erschließt sich nur langsam: Es ist die stille Weite und Erhabenheit der Landschaft, die weitgehend unberührte Wildnis.

Im Land der Bisons. Auf dem Weg Richtung Norden lohnt ein Stopp an den *Alexandra Falls*, wo der Hay River einen Höhenunterschied von 33 Metern überwindet und in die Tiefe stürzt. Hauptattraktion aber ist in dieser Region der 1922 initiierte *Wood Buffalo National Park*, der mit 44 800 Quadratkilometern größte Nationalpark Kanadas, den man nördlich von Enterprise über den Highway 5 erreicht. Hier hat die letzte große Waldbisonherde Kanadas Schutz gefunden (siehe Seite 126). Auch neue Herden werden angesiedelt. Wasservögel wie Schreikraniche, Seeschwalben, Nashornpelikane und Käuzchenarten haben hier ebenso ihren geschützten Lebensraum.
Von Enterprise führt der Mackenzie Highway entlang der Westseite des Great Slave Lake, dem zweitgrößten See des Landes, nach Kakisa. Eine Fähre setzt Autofahrer kostenlos über den Mackenzie River nach Fort Providence über. Nun verläuft der Highway 3 parallel zum *Mackenzie Bison Sanctuary*, einem Schutzgebiet für eine Herde von Waldbisons. *Rae-Edzo* ist die größte Siedlung der Dene-Indianer in Kanada, eines Nomadenvolks, das möglicherweise seit 40 000 Jahren in der Subarktis lebt und lange schon vor den Inuit einwanderte.

Die Stadt der gelben Messer. *Yellowknife* am Nordufer des Great Slave Lake ist mit rund 15 000 Einwohnern die Hauptstadt

der Northwest Territories. Yellowknife – der Name stammt von den Kupfermessern der Slavey-Indianer – entstand erst 1934, als am Ufer des Sees Gold gefunden wurde. Die Stadt, in der moderne Regierungsgebäude neben alten Blockhütten stehen, wirkt wie ein Provisorium. Sie erfährt immer dann einen Aufschwung, wenn neue Rohstoffe und Edelsteine entdeckt werden – wie Anfang der neunziger Jahre reiche Diamantenvorkommen im Norden von Yellowknife.

Die Ureinwohner der Territories, Dene-Indianer und Inuit (so heißen die Eskimos in ihrer Sprache), haben lange um ihre Autonomie gekämpft. Während die Dene noch mit der Regierung verhandeln, haben die Inuit 1999 ihr eigenes Territorium Nunavut (unser Land) erhalten. Dazu gehören auch Schürfrechte sowie Gewinnbeteiligungen an Bodenschätzen. Eine schwierige Lage, denn einerseits wollen die Inuit ihre spirituellen Plätze vor wirtschaftlichen Interessen schützen, andererseits sollen Arbeitsplätze entstehen.

Auf den Spuren von Mackenzie. Zurück auf dem Mackenzie Highway folgt die Straße dem Verlauf des Fortsetzung Seite 124

Auch in der kleinen Indianersiedlung am Kakisa Lake verstehen sich die Frauen noch auf die Kunst, Kleidungsstücke mit farbenprächtigen Perlenstickereien zu verzieren.

Die Jagd auf die Bisons: Die Giganten der Prärien

Buffalo ist im englischen Sprachgebrauch der populäre, wenn auch zoologisch nicht korrekte Name für die Prärie-Riesen, die bis zu 1,90 Meter Schulterhöhe messen, bis zu 1000 Kilogramm wiegen und bis zu 50 Kilometer pro Stunde schnell werden können. Bevor die Weißen den »Wilden Westen« in Nordamerika entdeckten, glichen die Prärien einer dicht beweideten Wiese, auf der noch um 1700 rund 60 Millionen Bisons ihr Auskommen fanden. Heute sieht man in Nationalparks und auf Zuchtfarmen nur noch kleine Populationen.
Der lange Weg der gnadenlosen und planmäßigen Ausrottung dieser Tiere, die ab etwa 1830 begann, ist von trauriger Einzigartigkeit in der Geschichte. Große Herden wurden vernichtet, nur um aus den Bisonfellen für die Royal Canadian Mounted Police Mäntel herstellen zu können.

Später erlegten weiße Trapper die Tiere wegen der als Delikatesse geschätzten Zunge und des Rückenstücks. Der Rest des Tierkörpers verrottete, und über den Prärien lag kilometerweit der penetrante Geruch der Verwesung. Für reiche weiße Männer veranstalteten die Eisenbahn-

Die Bisons, deren Vorkommen einst größer war als das anderer Wildrinder der Erde, stehen heute in kanadischen Nationalparks wie dem Wood Buffalo und dem Elk Island National Park unter Schutz. oben, rechts und rundes Bild

Abenteuertouren im Wood Buffalo National Park

In einem Nationalpark größer als die Schweiz ist die Orientierung alles! Bevor man sich in die Wildnis des Wood Buffalo National Park wagt, sollte man unbedingt im Besucherzentrum in Fort Smith Informationen einholen und sich gutes Kartenmaterial besorgen. Abklären sollte man auch den Straßenzustand nach Pine Lake, Hay Camp oder in das Indianerdorf Fort Chipewyan. Wildes Campen ist im Nationalpark überall erlaubt, zumal es nur drei ausgewiesene Zeltplätze in Fort Smith, in Pine Lake und am Dore Lake gibt. Bei Wanderungen, besonders bei Langstreckenwanderungen, sollte man den genauen Routenverlauf im Büro der Ranger hinterlassen und wirklich auf der angegebenen Route bleiben, um bei einem Notfall gefunden zu werden. Wer seine Wanderstiefel zugunsten eines anderen Verkehrsmittels stehen lassen möchte – Kanutouren sind eine sehr eindrucksvolle Möglichkeit, die Wildnis zu erforschen. Gute Einsetzstellen für Kanus und Boote finden sich in Fort Smith, Hay Camp, Pine Lake und Fort Chipewyan. Ohne kundigen Scout sollte man sich allerdings nicht auf längere Flusstouren wagen.

gesellschaften Fahrten, bei denen Bisons aus dem Zugfenster niedergeschossen wurden.
Mit der erbarmungslosen Jagd auf die Tiere wurde nicht nur eine Spezies fast aus dem Biologiebuch getilgt, auch die traditionelle Lebensweise der Indianer wurde unwiederbringlich ausgelöscht. Im Gegensatz zu den Weißen war die Bisonjagd für die Indianer Teil ihrer kulturellen Identität. Es gibt kein Volk, das je mit einem Tier so verschmolzen gewesen wäre wie die Indianer mit dem Bison. Sie verwerteten von dem zur Strecke gebrachten Tier nicht nur das Fell und das Fleisch. Sogar das Blut wurde nach einer erfolgreichen Jagd getrunken, um vor im Fleisch verborgenen Krankheitserregern geschützt zu sein. Die Bisonjagd involvierte die ganze Gemeinschaft: Der Medizinmann legte einen günstigen Tag fest. Die Frauen sprachen Beschwörungsformeln, um ihre Männer gedanklich zu unterstützen. Spannung vor einer Jagd lag in der Luft und Angst, denn im Kampf Mensch gegen Bison war der Ausgang im Voraus nicht eindeutig klar. Die Jagd der Indianer lief nach verschiedenen Methoden ab. Eine davon war, die Bisons über eine Klippe zu treiben. Da Bisons schlecht sehen, folgte die Herde dem Leittier in den Tod. Ungefährlich war das für die Jäger nicht, denn die Herde konnte ausbrechen und sie überrennen. Weit gefährlicher war die Palisadenjagd. Die Indianer trieben dabei die Tiere auf eine Sperre aus Ästen zu, wo die zielsichersten Jäger mit Pfeil und Bogen auf die heranstürmenden Kolosse warteten.
Im Jahr 1915 gründete die kanadische Regierung für die wenigen überlebenden Waldbisons den Wood Buffalo National Park (siehe Seite 118). Trotz Seuchen, denen einige Bisonarten zum Opfer fielen, konnte das Aussterben der Giganten verhindert werden.

Der amerikanische Maler George Catlin (1796–1872) beschäftigte sich als einer der ersten ernsthaft mit der Lebensweise von Indianern. Die kolorierten Holzstiche (zweite Hälfte des 19. Jh.) nach Gemälden von ihm thematisieren den Zweikampf zwischen den pfeilschnellen Jägern und den Kolossen. Das Leben der Indianer war früher aufs Engste mit dem Bison verknüpft.

In Alberta wurde wie in den anderen kanadischen Prärieprovinzen das Land der Büffel in eine weite Getreidelandschaft verwandelt.

Ungezählte Wasserläufe und kleine Seen durchziehen die Northwest Territories. oben und rechts
Wild campen ist hier abseits der Highways oft die einzige Möglichkeit. – Die Fahrt auf der wohl berühmtesten Straße des Nordens, dem Alaska Highway, beginnt in Dawson Creek. unten

1900 Kilometer langen Mackenzie River. Die Indianer nennen den breiten Strom »Deh Cho«, großer Fluss. Für die Namensgebung bei den Weißen stand der Schotte Alexander Mackenzie (1764–1820) Pate, der den Fluß 1789 auf der Suche nach der Nordwestpassage entdeckte. Der nördlichste Punkt des Mackenzie Highways ist *Fort Simpson*. Von hier aus sollte man sich einen Sightseeing-Flug in den *Nahanni National Park* nicht entgehen lassen. Höhepunkt in dem überwältigend schönen Parkgebiet sind die fast 100 Meter hohen Virginia Falls. Von Fort Simpson geht es auf der Schotterpiste des Liard Highway entlang dem Liard River südwärts nach Fort Liard. Kurz vor *Fort Nelson*, einer alten Handelsstation der Hudson's Bay Company, in die sich heute nur einige Holzfäller und Arbeiter der Ölbohrfirmen verirren, trifft man auf den legendären Alaska Highway.

Zurück in der Zivilisation. Von Fort Nelson bis *Fort St. John* mit seinem kleinen Museum über die Pionierzeit führt der Alaska Highway durch einsame Waldgebiete und über die nördlichen Ausläufer der Rocky Mountains. In *Dawson Creek* am Milepost »0« beginnt offiziell die 2446 Kilometer lange Straße, die bis nach Fairbanks in Alaska führt und nach wie vor auf viele eine magische Anziehungskraft ausübt. Rucksacktouristen warten hier auf eine Mitfahrgelegenheit, überdimensionale Campmobile werden noch einmal aufgetankt. Das Walter Wright Pioneer Village mit alten Gebäuden aus der Region gibt einen guten Einblick in das harte Leben der ersten Pioniere.

Auch in *Grande Prairie* schlägt noch immer das Herz der Pionierzeit, und der Stolz des Museums ist eine Albino-Elchkuh. In *Valleyview* geht es ebenfalls um die Vorfahren. Im Center Old Time Farming wird die Mühsal des Eggens mit schweren belgischen Kaltblutpferden vorgeführt. Die Straße 43 ist ein wenig befahrener Highway. Erst in Whitecourt erreicht man allmählich wieder etwas urbanere Regionen und schließlich das Einzugsgebiet von Edmonton.

Wer inzwischen völlig stadtentwöhnt ist, steuert 45 Kilometer östlich von Edmonton den geruhsamen 195 Quadratkilometer großen *Elk Island National Park* an. Ein letztes Lagerfeuer, womöglich mit viel Glück in der hügeligen, seenreichen Waldlandschaft einen der fünfhundert Präriе- und Waldbisons erspäht – das kanadische Leben kann so schön sein!

Kanada ist ideal für Autofahrer, und der Straßenzustand ist meist gut. Nicht asphaltierte Straßen sollte man allerdings nur bei absolut trockenen Witterungsbedingungen befahren. oben und links

Heuschuppen und Silos beweisen es: Der Anbau von Getreide ist in Alberta noch immer ein wichtiger Wirtschaftszweig. unten

Planen und erleben ...

Einst Treffpunkt von Trappern und Pelzhändlern: Peace River. oben
Edmonton ist der Startpunkt für eine Fahrt in den Norden Kanadas. Mitte
An Seen wie dem Lesser Slave Lake fühlen sich Angler wie im Paradies. unten

DIE HIGHLIGHTS

Edmonton

Das Drehrestaurant im Hotel »Crowne Plaza« und der AGT Tower, der 33 Stockwerke hohe Turm der Telefongesellschaft, bieten einen guten Überblick über das an Parks reiche Edmonton.
Touristische Anziehungspunkte sind das Provincial Museum of Alberta, der Valley Zoo und die Art Gallery, die neben klassischer und zeitgenössischer kanadischer Kunst auch hochkarätige Wechselausstellungen zeigt. Schräg gegenüber hat die Glaspyramide der City Hall mehrere Designpreise gewonnen. Von der Terrasse des Legislature Building hat man einen schönen Ausblick über den North Saskatchewan River. In dem sympathischen Viertel Old Strathcona gibt es unzählige Straßencafés, Buchläden, Plattengeschäfte und kleine Alternativtheater.

Wood Buffalo National Park

Der Eingang zum 44 800 Quadratkilometer großen Park, größer als die Schweiz, liegt südlich des Great Slave Lake. Das Besucherzentrum in Fort Smith informiert über eine der letzten Waldbisonherden Kanadas und über viele andere seltene, bedrohte Tierarten, vor allem Wasservögel wie Schreikraniche und Nashornpelikane, die hier eine geschützte Heimat gefunden haben.

Yellowknife

Seit 1967 ist Yellowknife Hauptstadt der Northwest Territories. Vom Aussichtspunkt am Pilot's Monument lässt sich die Stadt gut überblicken. Ausgezeichnete Informationen über Geschichte und Kulturen des Nordens gibt das Prince of Wales Northern Heritage Center.

Nahanni National Park

Von Fort Simpson, Fort Liard und Watson Lake werden Flugexkursionen und geführte Kanutouren in den knapp 5000 Quadratkilometer großen Park angeboten, der nur per Boot oder über Gebirgspfade zugänglich ist.
Auf 320 Kilometer Länge durchströmt hier der South Nahanni River in gewaltigen, bis zu 1200 Meter tiefen Canyons die Mackenzie Mountains. Höhepunkt jeder Tour sind die atemberaubenden Virginia Falls.

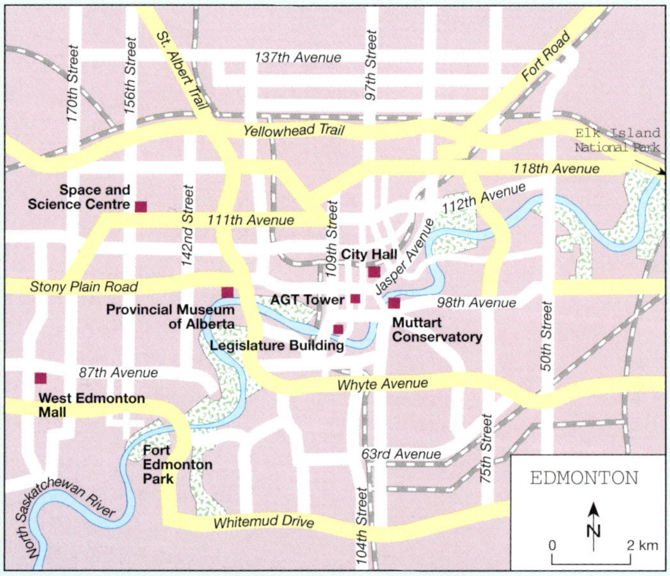

Dawson Creek

Im alten restaurierten Bahnhof ist heute das Station Museum untergebracht, in dem eine Lokomotive von 1933 zu bewundern ist.
In einem alten Getreidespeicher gleich nebenan zeigt die Dawson Creek Art Gallery ganz hervorragende Ausstellungen.
Das Walter Wright Pioneer Village konzentriert auf einem kleinen Areal allerlei historische Gebäude der Region, etwa ein Schulhaus, eine Schmiede und die Hütte eines Trappers. Ebenfalls im Stil der Pionier- und Goldrauschzeit ist das »Alaska Café & Pub« erbaut – eine Pause hier ist ein echtes Erlebnis.

Elk Island National Park

Eine der wenigen Bisonherden, Wapitis, Biber und rund zweihundert Vogelarten leben in dem Park am Highway 16. Das Naherholungsgebiet der Einwohner Edmontons lockt mit Wanderwegen, herrlichen Seen und Picknickplätzen.

Wildlife-Paradiese im Norden

Gerade im Wood Buffalo National Park und im Nahanni National Park lassen sich Tiere beobachten, die man sonst kaum sieht: Elche (etwa 2,40 Meter Schulterhöhe, bis 600 Kilogramm schwer) sind Einzelgänger. Sie werden bis zu 60 Kilometer pro Stunde schnell und können bis zu einer Minute tauchen. Karibus (1,30 Meter groß, 350 Kilogramm schwer) sind die nordamerikanische Variante der Rentiere. Beide Geschlechter tragen ein Geweih. Raubtiere jagen ebenfalls im Norden: Der Nordluchs bewegt sich auf seinen dicken Tatzen wie auf Schneeschuhen, durch die er nicht einsinkt. Die braunen Grizzlybären richten sich bis zu einer Größe von 2,75 Metern auf. Sie fliehen vor den Menschen. Auch dem kleineren Schwarzbären passen Menschen nicht ins Beuteschema. Wenn Mutter Bär allerdings Junge hat, kann sie unangenehm werden. Und dann? Weglaufen ist sinnlos, denn Bären werden auf Spurtdistanzen schneller als Rennpferde. Die Flucht auf den Baum ist auch nicht ratsam, da Grizzlys ihre Beute herunterschütteln. Und Schwarzbären sind bessere Kletterer als man selbst. Ergo? Flach auf den Boden legen und tot stellen – alles eine Frage der Nerven ...

ON THE ROAD

Tipps für die Wildnis

Wo immer es Tankstellen gibt, sollte man voll tanken (auch den Reservekanister)!
Gutes Kartenmaterial ist ebenso wichtig wie reichlich (Trink-) Wasser und einige Grundnahrungsmittel. Wer nämlich auf einer der Pisten im Norden liegen bleibt, kann nicht damit rechnen, dass sofort ein Auto vorbeikommt.
Es ist ratsam, die Tour so zu planen, dass Nachtfahrten vermieden werden.

Vorbereitung der Tour

Bei der Vorbereitung einer Tour sollte man die Fahrtzeiten unbedingt realistisch einschätzen und genug Zeit veranschlagen. Auf Pisten und Schotterstraßen ist sie erheblich länger als auf bestens ausgebauten europäischen Hauptstraßen. Zwei bis drei Stunden für 100 Kilometer sind durchaus in der Norm.

Es ist abzuklären, wo man mit einem normalen Auto problemlos fahren kann. Für alle Routen im Norden gilt generell: Mit Allradfahrzeugen ist man auf der sicheren Seite.
Optimal sind auch kleine Camper mit viel Bodenfreiheit. Wer einheimische Farmer, Holz- oder Ölarbeiter fragt, mag oft die Auskunft bekommen, die Straßen seien befahrbar. Mit deren Spezialfahrzeugen mag das so sein, nicht aber zwingend mit einem normalen Leihwagen.
Straßenzustandsfragen klärt man immer mit dem Automobilclub CAA (Canadian Automobile Association), der bei Pannen Mitgliedern eines Automobilclubs hilft, und vor Ort bei den Touristeninformationen.
Eine Vollkaskoversicherung, die vor allem auch Steinschlag und Unterbodenschäden mit einschließt, ist unbedingt nötig. Man sollte die Versicherungspolice genau lesen.

Die beste Reisezeit

Zwischen Mitte Juni und Mitte September herrschen im Norden Kanadas angenehme Temperaturen.
Wer früher bzw. später reist, kann auf Schnee treffen. Vor allem aber ist die Vegetation im Mai noch sehr dürftig, und das Land wirkt unwirtlich, kahl und braun.
Speziell zwischen Juni und Mitte August sind gerade im Bereich der Seen die Moskitos (»black flies«) eine ziemlich gemeine Plage. Hilfreich gegen die gierigen Blutsauger sind Netzhüte, engmaschige Moskitogitter an Zelten und Campern und ein gutes Insektenschutzmittel zum Einreiben der Haut.

Entfernungen

km	Edmonton	3593
	410 km	
410	McLennan	3183
	98 km	
508	Grimshaw	3085
	277 km	
785	High Level	2808
	408 km	
1193	Fort Providence	2400
	314 km	
1507	Yellowknife	2086
	630 km	
2137	Fort Simpson	1456
	400 km	
2537	Fort Nelson	1056
	480 km	
3017	Dawson Creek	576
	131 km	
3148	Grand Prairie	445
	445 km	
3593	Edmonton	km

Bär im Wood Buffalo National Park. oben
Frischer Lachs wird geräuchert. Mitte
Schuppen und Hütten von Yellowknifes Oldtown aus der Goldgräberzeit. unten

Route 7

Von Calgary nach Vancouver

Mächtige Bergriesen, zerklüftete Gletscher, tiefe Wälder, türkis schimmernde Seen und menschenleere Weiten: Der Westen Kanadas fasziniert mit wilden Naturschönheiten und Szenerien wie aus einem Wildwestfilm.

Allein vor einer großartigen Gebirgskulisse: am Fuß der schneebekrönten Pinnacle Mountains im Banff National Park.

Über das »Dach Kanadas« hoch hinaus

In den Rocky Mountains zeigt sich Kanada von seiner schönsten Seite. Der Icefields Parkway, die berühmte Traumstraße im Herzen der Rockies, führt durch eine majestätische Bergwelt und bietet wahre Bilderbuchpanoramen. Als »Dreingabe« gibt es die »Oiltown« Calgary, liebevoll restaurierte Pionierstädtchen, die Prärien Südalbertas und das weite Farmland des Fraser Plateau.

Als wäre die Zeit stehen geblieben: Vor den restaurierten Gebäuden von Fort MacLeod reiten an Sommerwochenenden Studenten in den historischen Uniformen der »Mounties« Patrouille.

Öl heißt das Zauberwort, dem *Calgary* seine steile Karriere verdankt. Fast schon mitleidig blickt man in Calgary auf die alte Rivalin Edmonton herab, mit der man sich traditionell um den Titel der »Ölhauptstadt Kanadas« streitet. Dort wird das »schwarze Gold« zwar gefördert, doch in Calgary sitzt die Verwaltung, werden die »big dollars« gemacht. Fast 600 Erdöl- und Erdgasfirmen haben sich mittlerweile im »Mini-Manhattan« am Rand der Prärie niedergelassen.

Doch auch die Edmontonians lassen kein gutes Haar an ihren Nachbarn im Westen: »Cowtown«, Kuhdorf, nennen sie die frühere Rancherstadt Calgary, deren erster Millionär bezeichnenderweise der Schlachthofbesitzer war. Die Calgarians kümmert dies wenig; im Gegenteil: Sie kokettieren gern mit ihrem Cowboy-Image: Das Personal am Flughafen trägt Stetson-Hüte, an der Stephen Avenue, der Flaniermeile im Zentrum, reihen sich die Westernboots-Shops aneinander, und alljährlich Anfang Juli werden bei der berühmten Calgary Stampede (siehe Seite 136) die alten Wildwest-Zeiten wieder lebendig. Wen wundert es da noch, dass das Wahrzeichen der Stadt, der Saddledome, die für die Olympischen Winterspiele 1988 errichtete Eissporthalle, die Form eines Westernsattels hat? Seit den Winterspielen ist auch der Chinook, der warme Fallwind, der von den Rocky Mountains über die Stadt fegt, weltbekannt: Binnen weniger Stunden ließ er die Temperaturen um ganze 30 Grad ansteigen und »fraß« förmlich den Schnee von den Skipisten. Die Sitten in der aufstrebenden »Oiltown« sind herzlich und unkompliziert – auch davon konnte sich die Weltöffentlichkeit 1988 überzeugen. So galt es als »typisch Calgary«, als die freiwilligen Helfer während der Winterspiele zum großen Entsetzen der Offiziellen die Würstchen für ihren Pausensnack über dem Olympischen Feuer brieten.

Cowboys und Büffeljäger. Südalberta ist »Caddle Country«, und wenn man Calgary auf dem Highway 2 Richtung Süden verlässt, durchquert man weites, ebenes Farmland. Fast wie eine Wildwestfilmkulisse wirkt das verschlafene Städtchen *Fort MacLeod*, das 1874 als erster Stützpunkt der Northwest Mounted Police im Westen Kanadas gegründet wurde. Einst wollte man hier amerikanischen Whiskyschmugglern an den Kragen; heute kann man sich in den restaurierten Gebäuden des Polizeipostens anschaulich über das harte Leben der Siedler und die Geschichte

Unterwegs im Farmland südlich von Calgary: Wie eine Fata Morgana wachsen am Horizont die Ausläufer der Rocky Mountains unvermittelt aus der Prärie.

Wie ein glitzerndes Juwel wird der Maligne Lake im Jasper National Park von mächtigen Felsriesen eingefasst rechts.
Die Seen in den Cariboo Mountains sind ein Paradies für Kanuwanderer. oben
Die bizarren Hoodoos hielten die Blackfoot-Indianer für versteinerte Riesen. unten

»British Columbia fügt der vielstimmigen Melodie der kanadischen Provinzen ... eine Fülle von Tönen hinzu, die überall sonst fehlen: das Hochgebirge, die Gletscher, die Abgründe der tiefen Canyons.«
A. E. Johann, Nach Kanada sollte man reisen, 1968

der »Mounties« informieren. Eine eigene Abteilung ist sympathischerweise den ersten »weißen Ladys« im Westen gewidmet, die in den meisten Geschichtsbüchern und Zeitdokumenten gerne vergessen werden.
Bevor es weiter in die Rocky Mountains geht, sollte man sich unbedingt Zeit für einen Abstecher in das Reservat der Blackfoot-Indianer nehmen. Dort nämlich liegt der *Head-Smashed-In Buffalo Jump*, ein Felsabbruch, der zu den ältesten Jagdstätten in Nordamerika zählt. Schon vor über 5000 Jahren trieben die Prärie-Indianer an dieser steilen Klippe ganze Büffelherden in den Tod, um sich Fleischvorräte für den Winter zu sichern. Wie eine Felsenburg hat man hier ein Museum an den Hang gebaut, das Aufschluss über das Leben und die Jagdgewohnheiten der indianischen Ureinwohner gibt.

Welcome to the Rockies. Das Städtchen Pincher Creek, eine alte Hutterer-Gründung, ist das Tor zum *Waterton Lakes National Park,* der zusammen mit dem amerikanischen Glacier National Park ein Länder übergreifendes Schutzgebiet bildet. Der Park lockt mit kleinen Seen, weiten Präriеflächen und welligem Grasland, aus dem unvermittelt die schneebekrönten Gipfel der Rocky Mountains emporwachsen. Als »Basislager« für Outdoor-Unternehmungen bietet sich das Waterton Village an, das trotz des Besucherandrangs liebenswert idyllisch geblieben ist.
Zurück in Pincher Creek, geht es auf dem Highway 3 über den 1396 Meter hohen *Crowsnest Pass.* 1903 ereignete sich unweit der Passhöhe ein Bergrutsch, der das Dorf Frank verschüttete und ein verheerendes Minenunglück zur Folge hatte. Das Crowsnest Pass Ecomuseum dokumentiert das labile Ökosystem der Region und macht deutlich, wie menschliche Eingriffe in die Natur solche Unglücke provozieren.
In Elko wendet sich der Highway 93 nach Norden. Etwas abseits der Route liegt *Fort Steele,* ein vorbildlich restaurierter ehemaliger Posten der »Mounties«, der entstand, als das Gebiet am Wildhorse Creek 1864 vom Goldrausch erfasst wurde. Heute ist

Vancouver ist die unangefochtene »Schönheitskönigin« unter den kanadischen Großstädten. links

Sehen und gesehen werden lautet in den Straßencafés von Whistler die Devise. unten

Fort Steele ein viel besuchtes Living Museum mit Mitarbeitern in historischen Kostümen, die die Besucher zu einem »hautnahen« Ausflug in die Vergangenheit entführen. Dem Studenten, der sich als Doctor Watt verkleidet hat, sollte man jedoch besser nicht in seine Praxis folgen. Auch wenn ein Schild »painless dentistry«, schmerzfreie Behandlung, verspricht – die alten Zahnarzt-Instrumente sehen gefährlich martialisch aus!

Alpen-Mania und Badeseen. In *Cranbrook* bekommt man einen ersten Eindruck von der Alpen-Mania in den kanadischen Rockies. Munter haben hier Einheimische und europäische Einwanderer Klischees aus Österreich, der Schweiz und Bayern vermischt. Noch skurriler ist jedoch *Kimberley*, am Umfahrungs-Highway 95a gelegen: Als zu Beginn der siebziger Jahre die örtliche Mine schließen musste und viele Bewohner abwanderten, hatten findige Touristiker die Idee, hier ein »Bavarian Village« zu gründen – mit allem, was ihrer Meinung nach dazugehörte: Fachwerkhäuser, Schnitzel-Restaurants, Trachtenläden und Blaskapellen. Dass man es mit dem Bayerischen nicht gar so genau nimmt, beweist auch die riesige Kuckucksuhr, die man stolz am »Platzl« aufgestellt hat.

Wer in den fischreichen Seen des Waterton Lakes National Park angeln möchte, benötigt eine Genehmigung. oben
Die Indianer nutzten einst die farbigen Tonablagerungen der Ocre Beds im Kootenay National Park, um ihre Kleidung, Tipis und Gesichter zu bemalen. rechts
Vom Bow-Summit-Aussichtspunkt hat man einen Bilderbuchblick auf den türkisschimmernden Peyto Lake, der seinen Namen nach Bill Peyto, dem ersten Ranger im Banff National Park, erhielt. großes Bild

Keine Scheu vor Menschen: ein Wapiti-Hirsch am Ufer des Athabasca River. oben
Viele Touristen machen im Banff National Park am Fuß des 2800 Meter hohen Castle Mountain Halt, um die Aussicht auf den markanten, zinnenbewehrten Gipfel zu genießen. Mitte
Auf Wanderpfaden leicht zu erreichen: der Marble Canyon im Kootenay National Park. unten

Sieht man über die Begeisterung für liebenswert-schrulligen Alpen-Kommerz hinweg, ist das Columbia Valley eine landschaftlich äußerst reizvolle Gegend: Im Hintergrund die majestätischen Rockies, im Vordergrund einige kleinere, unbekanntere Parks wie etwa der Premier Lake Provincial Park oder der Top of the World Provincial Park, die noch Wildnis-Erlebnisse pur versprechen.
Im breiten Tal des Columbia River sind die Jahreszeiten besonders stark ausgeprägt: klirrend kalte Winter – nicht umsonst liegen hier einige der besten Powder-Skigebiete Kanadas –, klare Frühjahrs- und Herbstmonate und fast mediterran milde Sommer. An den Badeseen führen die Damen dann knappe Bikinis vor, und kalifornisch anmutende Beachboys stellen auf ihren Boards ihre Surf-Künste unter Beweis. Es ist ein begnadetes Fleckchen Erde, das »ganz nebenbei« auch noch die schönsten Golfplätze des Landes und einige Thermalorte zu bieten hat.
Zu einem beliebten Ferienzentrum hat sich *Radium Hot Springs* gemausert, wo sich bereits in den zwanziger Jahren die ersten Touristen in den bis zu 42 Grad warmen Quellen kurierten. Gleich vor den Toren der Stadt liegt der *Kootenay National Park*, der zwar nicht so bekannt ist wie die »Klassiker« im Herzen der Rockies, Outdoor-Fans aber durchaus viel Reizvolles zu bieten hat: den mächtigen Stanley Glacier etwa oder die Paint Points, mineralische Quellen, aus denen die Indianer einst Farben für ihre Kleider und ihre Kriegsbemalung gewannen. Fortsetzung Seite 140

Die Calgary Stampede: Let's have a rodeo!

Alljährlich im Juli steht ganz Calgary Kopf: Zehn Tage lang ist die Stadt dann die Gastgeberin der Stampede, des größten Volksfests und Cowboy-Spektakels Amerikas. Es gibt wohl kaum einen Calgarian, den nicht das Rodeofieber packt; die Begeisterung macht selbst nicht vor der seriösen Geschäftswelt halt: Die Schalterhallen vieler Banken werden im Western-Look dekoriert, zum Business-Anzug trägt man den Stetson-Hut, und ausländischen Kunden wird mit der Einladung zur Stampede eine besondere Ehre erwiesen.
Längst ist die »Greatest Outdoor Show on Earth« auch zu einem touristischen Mammut-Unternehmen geworden. Alljährlich besuchen über eine Million Zuschauer die Stampede, und am meisten freuen sich die Hoteliers: Schon viele Monate im Voraus sind sie komplett ausgebucht. Wer wirklich authentische Rodeos sucht, ist bei einer der kleineren Veranstaltungen, beispielsweise in Kispiox bei Hazelton oder in Swan River oder Morris (beide in Manitoba), sicherlich besser aufgehoben. Aber

Die Cowboy-Begeisterung der Calgarians ist keine Frage des Geschlechts: Während die Rodeo-Wettbewerbe reine Männersache sind, reiten bei der Eröffnungsfeier der Stampede auch Frauen als Fahnenträger in die Arena. oben
Im bunten Rahmenprogramm der Stampede führen Indianer in traditionellen Kostümen die alten Tänze ihrer Stämme auf. unten

trotz aller Kommerzialisierung ist die Stampede ein unvergessliches Erlebnis. Schon bei der Eröffnungszeremonie spürt man den Nervenkitzel: Da reiten die Fahnenträger ein, mit getragener Stimme bittet der Stadionsprecher den Herrgott um Schutz und Gesundheit für Mensch und Tier – und dann endlich fällt der entscheidende Satz, auf den alle Beteiligten mit Spannung gewartet haben: »Let's have a rodeo!« Zigtausend Hüte wirbeln fröhlich durch die Luft, alles grölt und taumelt – und scheint erst nach zehn Tagen wieder aufzutauchen.

Dass die Begeisterung nicht abflaut, dafür sorgt auch ein buntes und abwechslungsreiches Rahmenprogramm, das die Rodeos begleitet: Kinder dürfen auf Schafen reiten, und Möchtegern-Cowboys können bei »spoon'n egg« ihre Geschicklichkeit unter Beweis stellen: Gewonnen hat der, der auf dem Rücken eines Pferdes am längsten ein Ei auf einem Löffel balancieren kann. Dazu kommen zahlreiche Bands, die in der Arena die Stimmung anheizen, kurzweilige Abendveranstaltungen mit Komödianten und Akrobaten, glitzernde Revuen à la Las Vegas sowie – als Kontrastprogramm – Viehausstellungen und Zuchtschauen für Schafe, Rinder und Pferde.

Natürlich wird auch für das leibliche Wohl der Besucher gesorgt. Wer mag, kann den Tag an einem Planwagen in der Innenstadt bereits stilecht mit einem deftigen »Cowboyfrühstück« aus Pfannkuchen mit Ahornsirup, Bohnen und gebratenem Speck beginnen. Ansonsten ist die Essens-Auswahl symbolisch für das Lebensgefühl in Calgary: Alberta-Steaks neben asiatischen Häppchen, Tradition neben Weltoffenheit.

Für die Rodeoreiter ist das farbenfrohe Spektakel ein professionell durchorganisierter Wettkampf. Preisgelder von insgesamt fast einer Million Dollar locken die besten Profireiter des Kontinents nach Calgary. Kein Wunder, dass die meisten in der Arena Kopf und Kragen riskieren. Fast an ein Wunder grenzt es dagegen, dass bislang noch kein Teilnehmer tödlich verletzt wurde.

Ob beim »bull riding« oder beim »saddle bronc«: Im Kampf um Titel und Preisgelder haben nur routinierte Profis eine Chance. oben und unten

Die Stimmung in der Arena erreicht ihren Höhepunkt, wenn abends die wilden »chuckwagon races« auf dem Programm stehen. Das Finale wird sogar live vom kanadischen Fernsehen übertragen und hat mehr Zuschauer als ein Eishockeyspiel. großes Bild

Die verschiedenen Rodeo-Disziplinen

Die klassische Stampede-Prüfung ist natürlich, sich möglichst lange auf einem bockenden Pferd zu halten: »saddle bronc« meint ein Pferd mit Sattel, »bareback bronc« ohne. Als eigentliche Königsdisziplin gilt jedoch das Reiten auf einem wilden Stier – schließlich ist es weit schwerer, sich auf einem zentnerschweren Bullen als auf einem Pferd zu halten! Nicht umsonst steht das Wort »bull riding« in der Umgangssprache für unlösbare, gefährliche Aufgaben: »It's like bull riding«. Geschicklichkeit und Können sind auch beim »calf roping« gefragt. Bei diesem Wettbewerb müssen die Cowboys vom galoppierenden Pferd aus ein Kalb mit dem Lasso einfangen und so geschickt an den Beinen fesseln, dass es sich innerhalb von sechs Sekunden nicht wieder aus eigener Kraft befreien kann. Ein großer Spaß für die Zuschauer, aber nicht ungefährlich für die Cowboys ist schließlich das »steer wrestling«, bei dem ein junger Stier mit bloßen Händen zu Boden geworfen werden muss.

Mineralien sorgen dafür, dass die Gipfel im Waterton Lakes National Park in verschiedenen Farben schimmern.

Kanuwanderer können im Bowron Lake Provincial Park bei Barkerville einen 120 Kilometer langen Rundkurs über sechs größere Seen paddeln – eine Pause hat man sich da redlich verdient. oben und unten
Majestätisch überragt der schneebekrönte Mount Robson, der höchste Berg der kanadischen Rockies, den Yellowhead Highway. großes Bild rechte Seite

Naturschutz und Tourismus. Während der Kootenay National Park noch als Geheimtipp gehandelt wird, hat es der benachbarte *Banff National Park* längst zu Weltruf gebracht. Aus einem kleinen Schutzgebiet, das die kanadische Regierung bereits 1885 gründete, entwickelte sich im Lauf der Jahrzehnte ein über 6500 Quadratkilometer großer Park, der mit seinen Seen und gletscherbedeckten Bergen zum Inbegriff für die Schönheit der Rocky Mountains geworden ist. »Da wir die Berge nicht zu den Menschen bringen können, müssen wir die Menschen eben zu den Bergen bringen«, das war die Devise der Canadian Pacific Railway, die in den achtziger Jahren des 19. Jahrhunderts die Rocky Mountains erschloss und damit auch den Grundstein für den Tourismus in *Banff* legte. Das Städtchen am Fuß des Mount Rundle ist heute ein mondäner Ferienort mit Souvenirshops, Pizza-Restaurants und Eisdielen, und an einem typischen Augusttag könnte man meinen, halb Tokio sei hier auf den Beinen. Vor allem das »Banff Springs Hotel« gilt als eine Pilgerstätte für japanische Touristen, seit in der Nobelherberge eine der erfolgreichsten Soap Operas des Landes gedreht wurde. Kritiker beklagen, dass Banff zu einem Rummelplatz verkommen sei, der in einem Nationalpark nichts zu suchen habe. Doch das ist nur die halbe Wahrheit: Wer per pedes in die Wildnis abtaucht, kann selbst in der näheren Umgebung von Banff noch menschenleere Plätze finden, wo man die grandiose Landschaft ungestört genießen kann. Naturliebhaber, die Banff schnell den Rücken kehren, um weiter zum *Lake Louise* zu fahren, sollten sich auch hier auf einigen Rummel gefasst machen – schließlich ist der milchig grüne See zu Füßen des gewaltigen Victoria-Gletschers der meistfotografierte See Kanadas. Warum jährlich Tausende Besucher an seine Ufer strömen, kann man am besten verstehen, wenn man hier einmal einen Sonnenaufgang miterlebt hat: Viele schwören, noch nie etwas Schöneres gesehen zu haben.

Traumstraße der Rockies. In dem kleinen Ort Lake Louise beginnt der *Icefields Parkway*, der zu Recht als die schönste Panoramastraße Kanadas gilt. Wie glitzernde Perlen einer Kette reihen sich die Attraktionen am grauen Asphaltband des Highways auf: der Hector Lake mit dem Pulpit Peak, der Bow Lake und schließlich der Bow Summit-Aussichtspunkt, von dem aus man einen Bilderbuchblick auf den Peyto Lake hat. Wer die Fahrt nicht für Wanderungen unterbricht, bekommt sogar vom Autofenster aus einen Eindruck von dem Tierreichtum der Region: Bergziegen klettern an den steilen Hängen neben dem Highway herum, und nicht selten verirren sich Schwarzbären und Wapiti-Hirsche auf die Fahrbahn.
Am Sunwapta Pass markiert ein Schild den Übergang zum *Jasper National Park*, der sich noch »ungezähmter« präsentiert als sein südlicher »Vetter« Banff: Noch dramatischer wirken hier die Berge, noch mächtiger die Gletscher. Am leichtesten zugänglich ist der *Athabasca Glacier*, der zum Columbia Icefield, der größten Eisfläche der nördlichen Hemisphäre, gehört. Neugierige Touristen werden von speziellen »snowcoaches« mitten auf dem zerklüfteten Eispanzer des Gletschers abgesetzt. Vor dreihundert Jahren bedeckte der

Die Hälfte aller Güter wird in Kanada von Trucks transportiert. Die PS-starken Ungetüme sind oft tagelang unterwegs, bis sie ihren Zielort erreicht haben. oben und Mitte

An einer Tankstelle in 100 Mile House. Der kleine Ort an der alten Cariboo Road war einst eine Postkutschenstation, wo die Reisenden übernachten konnten und die Pferde gewechselt wurden. unten

Athabasca Glacier das gesamte Tal; heute zieht er sich immer weiter zurück – ganz so, als wolle er vor den niemals versiegenden Besucherströmen fliehen.

Grandiose Naturschauspiele. Obwohl *Jasper* der Hauptort des gleichnamigen Nationalparks ist, geht es hier noch ruhiger und weniger kommerziell zu als in Banff. Überhaupt zählt Jasper zu jenen Orten, bei denen man nicht gleich auf den ersten Blick versteht, warum Kanadakenner bei seinem Namen immer wieder ins Schwärmen geraten. Es ist auch nicht das Städtchen selbst, es ist seine herrliche Umgebung, die jeden Besucher begeistert: der Hausberg The Whistlers, der steil aufragende Mount Edith Cavell und malerische Seen wie der Lake Pyramid oder der Lake Annette. Dies alles wird aber noch in den Schatten gestellt, wenn man von Jasper aus einen Abstecher zur *Maligne Road* macht: Die Straße passiert den spektakulären Maligne Canyon und endet schließlich am Maligne Lake, einem 24 Kilometer langen Gletschersee, der wie ein funkelnder Edelstein von schneebedeckten Gipfeln eingefasst wird.

Holzfäller und Goldgräber. Der höchste Berg der kanadischen Rockies liegt nicht bei Banff und nicht bei Jasper, sondern erst jenseits des Yellowhead Pass: Völlig alleinstehend wächst der wuchtige Felsklotz des Mount Robson bei Alpland 3954 Meter hoch in den Himmel.

In Tête Jaune Cache hat man dem touristischen Rummel endgültig den Rücken gekehrt. Die Fahrt über den Yellowhead Highway nach *Prince George* führt durch das kaum besiedelte Fraser Valley: Nur wenige Häuser säumen die gut 300 Kilometer lange Strecke, und auch die Campgrounds sind dünn gesät. Prince George, ein ehemaliges Pelzhändlernest, das durch die Holzindustrie groß wurde, dient den meisten Reisenden nur als Durchgangsstation: Kahl geschlagene Berghänge und qualmende Sägewerke wirken alles andere als einladend – daran kann auch das moderne Civic Centre nichts ändern. Die »Wunden« der Holzindustrie sind jedoch bald vergessen, wenn man auf dem Highway 97 Richtung Süden fährt.

Die Straße folgt der Cariboo Road, über die Mitte des 19. Jahrhunderts die »digger« mit ihren Ochsenkarren von der Pazifikküste zu den Goldfeldern in den Cariboo Mountains zogen. Einen Eindruck von diesen »goldenen Zeiten« kann man heute noch in *Barkerville* bekommen. 1862 wurden hier die ersten »nuggets« gefunden, und schon vier Jahre später war Barkerville die größte Stadt westlich von Chicago! Über siebzig historische Gebäude hat man originalgetreu restauriert und als Living Museum eingerichtet. Die kostümierten Mitarbeiter erzählen von ihrer Schiffsreise aus Europa, klagen über gestohlene Seesäcke oder schwärmen von neuen Goldfunden – und bald glauben die Besucher, tat-

Selbst in den viel besuchten Nationalparks im Herzen der Rocky Mountains findet man abseits der Touristenziele immer wieder stille Plätze, an denen man ungestört die Natur genießen kann. oben

Während einer »snowcoach tour« lässt sich die eisige Pracht des mächtigen Athabasca Glacier hautnah erleben. unten

Eine der meistfotografierten Naturschönheiten der Rocky Mountains: Spirit Island im Maligne Lake. großes Bild

sächlich in der Zeit um 1870 gelandet zu sein. Auch so merkwürdig anmutende Ortsnamen wie zum Beispiel 150 Mile House oder 100 Mile House sind eine Reminiszenz an die Goldgräbertage. Diese Meilenangaben beziehen sich auf die Entfernungen der früheren »roadhouses«, der Postkutschenstationen, die damals ab Lillooet gemessen wurden.

Von Lillooet nach Pemberton sind es nur knapp 100 Kilometer; klimatisch gesehen trennen beide Orte jedoch Welten. Denn während Lillooet im Regenschatten der Coast Mountains zu den trockensten Gegenden von British Columbia gehört, liegt Pemberton bereits im Einflussbereich feuchter Pazifikluft.

Dem benachbarten Wintersportort *Whistler* macht die Nähe zum Meer oft zu schaffen: Selbst im Winter regnet es im unteren Bereich der Pisten, während weiter oben heftige Schneestürme toben. Der Popularität von Whistler tut dies jedoch keinen Abbruch, im Gegenteil: Die auf alpenländisch gestylte Retortensiedlung besitzt das größte Skigebiet Kanadas und ist fester Bestandteil des Weltcup-Kalenders. Viele Kanadier beneiden die Vancouverites um dieses (wenn auch gezähmte) Outdoor-Paradies vor der Haustür – zumal es mit dem Garibaldi Provincial Park gleich nebenan auch noch die »wilde Variante« gibt.

Nur eine gute Autostunde ist es von Whistler bis an die Ausläufer der Millionenmetropole Vancouver, die sich dem Ankömmling in den Villenvororten im Norden von einer ihrer schönsten Seiten präsentiert – und Lust auf einen längeren Aufenthalt macht (siehe Seite 90).

Szene-Treffs wie das Künstler- und Freizeitviertel Granville Island verhelfen Vancouver zu dem Ruf, eine der Städte mit der höchsten Lebensqualität weltweit zu sein. oben

Auch bei nächtlicher Beleuchtung macht die »Schöne am Pazifik« ihrem Namen alle Ehre (links im Bild die Kuppel des Museum of Anthropology). unten

Planen und erleben ...

Der Canada Day am 1. Juli wird in Banff mit einer Parade gefeiert. oben

Den Maligne Lake bei Jasper kann man mit dem Boot erkunden. Mitte

Tonnenschwere »snowcoaches« fahren über den Eispanzer des Athabasca Glacier. unten

DIE HIGHLIGHTS

Calgary

Den besten Überblick über die Stadt kann man sich von der Aussichtsplattform des 191 Meter hohen Calgary Tower verschaffen. Bei klarem Wetter reicht die Sicht bis zu den Rocky Mountains und weit über die Prärien.

Das Zentrum der Stadt nimmt die Olympic Plaza ein, wo die Olympiasieger von 1988 verewigt sind. Schräg gegenüber beschäftigt sich das Glenbow Museum mit der Geschichte Westkanadas, mit Indianern, Entdeckern, Händlern und Eisenbahnern.

Bei schlechter Witterung laden die Devonian Gardens als Indoor-Gärten in eine exotische Oase ein. Im hochinteressanten Energeum dagegen dreht sich alles um Erdöl-, Erdgas- und Kohleförderung – man darf sogar selber (mit einem Handschuh geschützt) in das Rohöl fassen.

Ein lohnendes Ziel außerhalb des Zentrums ist das Freilichtmuseum Heritage Park, in dem man einen überaus anschaulichen Einblick in das Alltagsleben einer Präriestadt um die Wende vom 19. zum 20. Jahrhundert erhält.

Im Südosten der Stadt liegen auf der Flussinsel George's Island gleich drei Attraktionen: der Calgary Zoo, die Botanical Gardens und der Prehistoric Dinosaur Park.

Der ganze Stolz der Calgarians ist natürlich der Olympic Park mit den großen Skiflugschanzen. Der Besucher kann sich Führungen anschließen, die Exponate in der Olympic Hall of Fame bewundern oder im Bobsimulator den Nervenkitzel einer rasanten Fahrt durch den Eiskanal erleben.

Waterton Lakes National Park

Das Landschaftsjuwel im Süden von Alberta bietet auf engstem Raum völlig verschiedene Landschaftsformen mit entsprechend vielfältiger Fauna und Flora. Zu den geologischen Besonderheiten zählt der Red Canyon Rock, der aus Argilit, einem sehr eisenhaltigen Sedimentgestein, besteht. Mit Sauerstoff in Berührung gekommen, oxidierte das Gestein und erhielt seine charakteristische rote Farbe.

Mit 250 Kilometern Wanderwegen ist der Nationalpark ein Paradies für »hiker«.

Kootenay National Park

In dem 1406 Quadratkilometer großen Park lassen sich reizvolle Wanderungen zu Naturphänomen wie dem Stanley Glacier, dem Vista Lake oder den Paint Points unternehmen. Dort, wo Ende der sechziger Jahre ein verheerendes Buschfeuer 2630 Hektar Wald vernichtete, blüht inzwischen eine Vielzahl bunter Alpenblumen – doppelt so viele Arten wie vor der Brandkatastrophe.

Banff

Als 1883 Eisenbahnarbeiter im heutigen Banff auf heiße Quellen stießen, hatte die Geburtsstunde für den Rocky-Mountains-Tourismus geschlagen. Heute zählt der Hauptort des Banff National Park jährlich fast fünf Millionen Besucher. Einen Überblick über die Geschichte der kanadischen Nationalparks bietet das Cave and Basin Centennial Centre,

»Big Medicine« – Großer Zauber

Der Medicine Lake an der Maligne Road bei Jasper gab schon den Indianern Rätsel auf. Der See füllt sich im Sommer mit dem Schmelzwasser der umliegenden Gletscher, im Herbst verschwindet er wieder: Als »big medicine« empfanden dies die Indianer. Doch die »Zauberei« ist geologisch ganz einfach zu erklären: Das Wasser des Sees versickert in einem Höhlensystem des karstigen Untergrunds und taucht erst 17 Kilometer weiter bei der vierten Brücke des Maligne Canyon wieder auf. Bevor die Maligne Road gebaut wurde, versuchten Bootsleute, Touristen mit kleinen Fähren über den Medicine Lake überzusetzen. Die starke Strömung ließ die Boote jedoch kentern, und die frustrierten Fährleute versuchten ernsthaft, die Löcher im Seeboden mit Zeitungen und Matratzen zu stopfen. Sie konnten damals nicht wissen, dass das Karstsystem unter dem Medicine Lake das größte seiner Art in der Welt ist: Die unterirdischen Höhlen und Kanäle können ein Wasservolumen von fast 60 Kubikmetern in der Sekunde befördern.

unter dem in einer Höhle die 1883 entdeckten Quellen entspringen. Die Mountain Road führt hinauf zu den Upper Hot Springs mit Thermal-Außenpool und Dampfbädern und erreicht den Fuß des Aussichtsbergs Sulphur Mountain (Wanderweg oder Gondel). Rund um Banff häufen sich die Naturschönheiten: die Hoodoos, bizarre Erdpyramiden, unterhalb des Tunnel Mountain Drive oder malerische Seen wie der Lake Minnewanka.

Lake Louise

Rund um Lake Louise sollte man die Wanderstiefel schnüren und in die magische Hochgebirgsszenerie eintauchen: Am Plain of the Six Glaciers gibt es auf 2135 Metern Höhe ein Teehaus, von dem aus man einen atemberaubenden Blick auf sechs Gletscher hat.
Eine der beliebtesten Wanderungen in den Rockies führt vom Nordufer des Lake Louise zum Lake Agnes, einem ebenfalls sehr lohnenden Aussichtspunkt.

Jasper

Der Hauptort des Jasper National Park hat keine Sehenswürdigkeiten zu bieten, ist aber der ideale Ausgangspunkt für Ausflüge in die grandiose Bergwelt. Nicht entgehen lassen darf man sich die Pyramid Lake Road und die Maligne Road, die zu den schönsten Seen der Umgebung führen.

ON THE ROAD

Vorsicht, Tiere!

Auf dem Icefields Parkway (aber auch auf den Nebenstraßen in den Rocky Mountains) gilt für Autofahrer die Mahnung, jederzeit mit Wild auf der Fahrbahn zu rechnen und entsprechend vorsichtig zu fahren. Vor allem Bergziegen steigen immer wieder von den steilen Hängen bis zum Highway hinab und verursachen häufig Verkehrsstaus. Auch wenn die neugierigen Tiere, die längst alle Scheu vor den motorisierten Touristen verloren haben, um Leckerbissen betteln, sollte man sie auf keinen Fall füttern!

Wintersperren

Wer im Frühjahr oder Spätherbst reist, sollte sich immer erkundigen, ob manche Straßen noch oder schon wieder gesperrt sind. Dies gilt vor allem für kleinere Zufahrtsstraßen im Gebirge oder für Nebenstraßen wie etwa zwischen Lillooet und Pemberton.

SOUVENIRS

Sweets

In Banff offeriert Rogers Chocolates Kalorienbomben vom Feinsten.

Kühe, Kühe, Kühe

Im Cows Shop in Whistler dreht sich alles um die Kuh: T-Shirts, Sweater, Accessoires.

Kunst

Das Canada House in Banff ist eine sehr schöne Gallerie, die Inuit und Native Art ausstellt. Im Rahmen eines »Art Walk«, einer geführten Tour durch zwei Kunstgalerien in Banff, erfährt man hier etwas über die spirituellen Aspekte hinter den Werken.

Entfernungen

km	Calgary	2073
	174 km	
174	Fort MacLeod	1899
	254 km	
428	Cranbrook	1645
	142 km	
570	Radium Hot Springs	1503
	128 km	
698	Banff	1375
	277 km	
975	Jasper	1098
	373 km	
1348	Prince George	725
	115 km	
1463	Quesnel	610
	485 km	
1948	Whistler	125
	125 km	
2073	Vancouver	km

Eine Vielzahl alpiner Blumen blüht im Kootenay National Park. links oben
Cowboy-Chic ist in Calgary »in«. Mitte
Sonnenbad am Cameron Lake im Waterton Lakes National Park. unten

Route 8
Von Victoria nach Dawson City

Von der lieblichen Südspitze von Vancouver Island in die menschenfeindliche Wildnis des hohen Nordens: Auf der Fahrt nach Dawson City wird für zivilisationsmüde Outdoor-Fans der Traum von Freiheit und Abenteuer wahr.

Wassersport in unberührter Natur: Kajakwandern erfreut sich an der einsamen Westküste von Vancouver Island immer größerer Beliebtheit.

Der Lockruf der Wildnis

Uralte Regenwälder, wilde Gebirgslandschaften und eine fjordreiche Küste – im Westen Kanadas gibt es noch Landstriche, in die bislang kaum ein Mensch vorgedrungen ist. Einsame Highways bahnen sich ihren Weg in den hohen Norden, wo die Wildnis gleich neben der Straße beginnt. Für alle, die es in unberührte Naturlandschaften zieht, ist diese Route ein unvergessliches Erlebnis!

Mit dem Motorrad auf den Spuren der Goldgräber: In Dawson City treffen sich Abenteurer und moderne »Trapper« aus aller Welt.

Ob Einwohner oder Besucher, im Urteil über *Victoria* sind sich alle einig: Die Provinzhauptstadt von British Columbia ist die »lieblichste« Stadt Kanadas. Während das übrige Kanada im Winter vor Kälte bibbert, weht an der Spitze von Vancouver Island ein milder Wind – was manche Victorians sogar dazu verleitet, ihr Klima »mediterran« zu nennen. Schon Ende des 19. Jahrhunderts wussten viele pensionierte britische Kolonialbeamte die angenehmen Temperaturen und die herrliche Lage von Victoria zu schätzen: Sie wählten die Stadt als Alterswohnsitz und drückten ihr mit manikürten Gärten und viktorianischen Fassaden den Stempel von »Merry Ol' England« auf.

Noch heute verweisen die Victorians stolz auf ihr Image, britischer als die Briten zu sein: In den Boutiquen der Altstadt werden Tweedstoffe und Wedgewood-Porzellan verkauft, rote Doppeldeckerbusse fahren durch die Straßen, überall weht der Union Jack, und nirgendwo wird der Fünf-Uhr-Tee stilvoller zelebriert als im altehrwürdigen »Empress Hotel«, wo man noch – ganz wie es sich gehört – Gurken-Sandwiches und »scones« serviert.

Obwohl im Großraum von Victoria über 300 000 Menschen leben, ist hier von hektischer Betriebsamkeit nichts zu spüren. Im Gegenteil: Victoria scheint mit Vergnügen die Rolle der behäbigen, fast schon verschlafenen Beamten- und Pensionärsstadt zu spielen, was ihr auch den Spitznamen »Retirement Capital« eingebracht hat. Die altbritische Atmosphäre gefällt aber nicht nur den »nearly dead«, wie scharfzüngige Spötter behaupten; sie ist auch ganz nach dem Geschmack von amerikanischen Touristen, die zu Tausenden in die Stadt einfallen, um hier ein Stück »Good Old Europe« direkt vor der Haustür zu genießen.

Entlang der Ostküste. Nicht um das britische, sondern um das indianische Erbe dreht sich alles in *Duncan*, das man von Victoria über den Highway 1 erreicht. 1986 hat sich die 5000-Seelen-Gemeinde selbst den Titel »City of the Totems« gegeben: Dutzende von Totempfählen werben seither am Straßenrand für das Kunsthandwerk der Cowichan-Indianer, das die Bewohner des Städtchens nicht gerade unaufdringlich vermarkten. Nachdem das örtliche Sägewerk schließen musste, setzt man auch im benachbarten *Chemainus* auf Kunst und Tourismus. Ein findiger österreichischer Geschäftsmann hatte die Idee, die Hauswände mit Szenen aus der regionalen Geschichte bemalen zu lassen, und

Das Wahrzeichen von Victoria ist das palastartige Parlamentsgebäude am Hafen, das 1897 nach Plänen von Francis Rattenbury fertig gestellt wurde.

Ob beim Campen im Kluane National Park rechts oben oder auf dem West Coast Trail oben: Erfahrung und gute Ausrüstung sind in der Wildnis unerlässlich. An Deck der »Queen of the North« auf dem Weg von Port Hardy nach Prince Rupert. Mitte Nach traditioneller Methode gehen die Indianer am Skeena River auf Lachsfang. unten

»This is the Law of the Yukon / that only the Strong shall thrive / that surely the Weak shall perish / and only the Fit survive.«
Robert W. Service, The Law of the Yukon, 1898

bescherte dem Dorf mit dieser »Freilichtgalerie« eine viel besuchte Touristenattraktion.

Nanaimo könnte etwas mehr Farbe im Stadtbild durchaus nicht schaden. Die wichtigste Hafenstadt der Insel wirkt auf Reisende wenig einladend, sieht man einmal von der hübschen Uferpromenade am Yachthafen ab. Wer Nanaimo Anfang Juli besucht, kann Zeuge eines der skurrilsten Rennen der Welt werden. Dann nämlich stechen beim »Bathtub Race« tollkühne Kerle in motorisierten Badewannen in See: Ziel des Abenteuers ist Vancouver, 56 Kilometer entfernt!

Let's go west! Im Gegensatz zum »angenehmen«, zivilisierten Südosten ist der Westen von Vancouver Island bis heute fast unberührt und kaum besiedelt. Lediglich eine Straße, der Highway 4, führt von Parksville in diese ungezähmte Wildnis – ein Abstecher, den Naturfreunde und Outdoor-Fans in ihrer Reiseplanung unbedingt berücksichtigen sollten. Zwar ist der Westen die Wetterseite der Insel, doch hält das seine Freunde nicht davon ab, von dieser Gegend als einem der »schönsten Enden der Welt« zu schwärmen. Die heftigen Regenstürme, die hier auch im Sommer über das Land peitschen, bieten ideale Bedingungen für einen üppig wuchernden Regenwald, der im *Pacific Rim National Park* unter Naturschutz steht. Hier wachsen kirchturmhohe Douglas-Tannen, die achthundert Jahre und älter sind und einen Durchmesser von bis zu 3 Metern haben. Doch der Park hat nicht nur eine beeindruckende Flora zu bieten: An seinen einsamen Stränden kann man Seelöwen und Robben beobachten, und vor der Küste machen alljährlich Grauwale auf ihrer Wanderung nach Alaska Station. Idealer Ausgangspunkt für Unternehmungen im Park ist das Fischernest *Tofino* am Ende des Highway 4. Der Besucherandrang der letzten Jahre scheint den malerischen Ort glücklicherweise nicht weiter beeindruckt zu haben: Noch hat er nichts von seinem ursprünglichen Charme und seiner gelassenen Ruhe verloren.

Wale und Wälder. Zurück auf dem Highway 19 Richtung Norden, passiert man propere Ferienstädtchen wie Qualicum, Courtenay und Comox. Überall sieht man

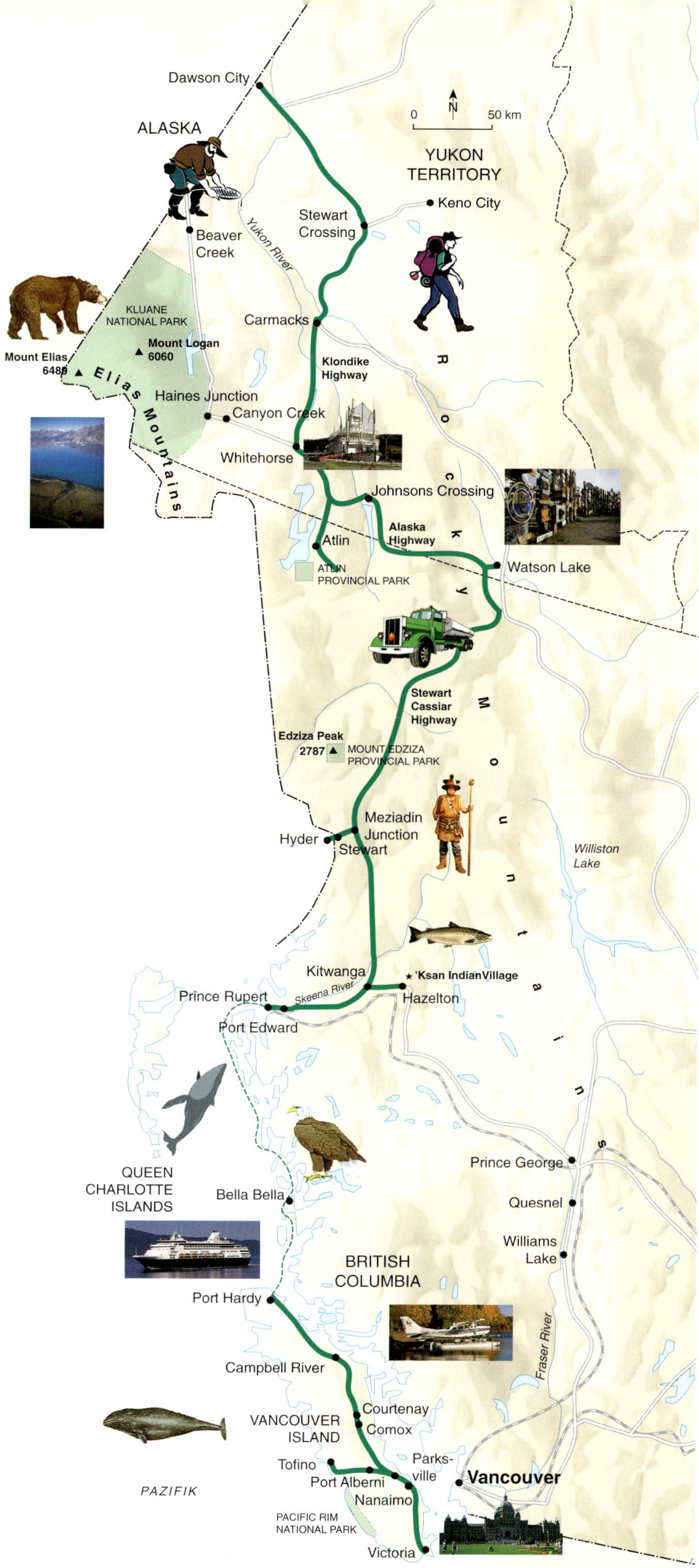

Von Victoria schlängelt sich das Asphaltband des Highway 1 durch große Waldgebiete gen Norden. oben

Sonnenbad am Long Beach an der Westküste von Vancouver Island. Mitte

Kleinstädtischer Charme: in der Douglas Street von Victoria. unten

Dramatisches »Wolkentheater« an der Küste bei Prince Rupert. großes Bild
Im Robson Bight Ecological Reserve bei Telegraph Cove kann man im Sommer Orcas aus nächster Nähe beobachten. oben

Golfplätze, Parkanlagen und weite Strände – und bald drängt sich der Eindruck auf, dass das Leben an der Ostküste wohl bei der Erfindung des Begriffs »Freizeitwert« Pate gestanden haben muss.
Ein Mekka für Sportangler ist *Campbell River*, das sich stolz die »Lachshauptstadt« des Landes nennt. Völlig zu Recht, denn allsommerlich werden hier Tyee Salmons gefangen, die 30 Kilogramm und mehr auf die Waage bringen. *Telegraph Cove* zählt zwar offiziell nur ein gutes Dutzend Einwohner, führt aber ebenfalls einen nicht unbescheidenen Titel, nämlich den des »Whale Capital of Canada«. Walfreunde aus aller Welt pilgern im Sommer in das winzige Hafennest, um von hier aus Schwertwale (Orcas) zu beobachten, die sich in einem Schutzgebiet vor der Küste tummeln (siehe Seite 161).
Auf der Weiterfahrt nach Port Hardy wird jeder Reisende mit dem größten Problem auf Vancouver Island konfrontiert: kahl geschlagene Waldflächen, Mondlandschaften – der Preis für Eisenbahnbau, Bergwerke und Bauwirtschaft. Es ist unter anderem dem Engagement von Greenpeace zu verdanken, dass mittlerweile ein Umdenken stattgefunden hat und für jeden gefällten Baum nun zwei neue Setzlinge gepflanzt werden müssen. Aber vielerorts haben die »lumberjacks« bereits ganze Arbeit geleistet, und uralte Regenwälder sind für immer verloren.

Tor in den Norden. In *Port Hardy* beginnt einer der Höhepunkte jeder Westkanada-Reise: die Fahrt mit dem Fährschiff durch die Fjorde der Inside Passage nach Prince Rupert. Während der etwa 15-stündigen Überfahrt bekommen die Passagiere ein ganzes Feuerwerk an grandiosen Naturspektakeln geboten – vorausgesetzt, das Wetter spielt mit: Man passiert kleine, bewaldete Inseln, auf dem Festland wachsen mächtige Felsriesen 2000 Meter hoch aus dem Meer, und im Wasser begleiten Wale und Delphine die Schiffe.

Meist fällt der Empfang in *Prince Rupert* im wahrsten Sinn des Wortes ins Wasser. Die Hafenstadt liegt in einer der niederschlagsreichsten Gegenden Kanadas, und heftige Regenfälle sind hier an der Tagesordnung. Prince Ruperts Karriere als »Drehscheibe des Nordens« begann zu Beginn des vorigen Jahrhunderts, als die Trasse der Grand Trunk Pacific Railway bis an die Stadt herangeführt wurde und die Lachsfischerei boomte.

Doch schon Jahrtausende, bevor die Weißen auf den Plan traten, siedelten Indianer an der unwirtlichen, zerklüfteten Nordwestküste. Den Spuren ihrer Kultur begegnet man im Tal des Skeena River, durch das sich der Yellowhead Highway ins Landesinnere schlängelt. Ein rekonstruiertes Indianerdorf, das 'Ksan Indian Village, ist die Hauptattraktion von *Hazelton*, einem alten Pionierstädtchen, das selbst wie ein lebendiges Museum wirkt. Engagierte Stammesangehörige der Gitksan-Indianer hatten zu Beginn der siebziger Jahre den Bau der Siedlung angeregt, um die Kultur ihres Stammes vor dem Aussterben zu bewahren. Heute umfasst die Anlage mehrere traditionelle Langhäuser und eine Schnitzerschule, in der man junge Indianer in der Handwerkskunst ihrer Väter ausbildet. Hier werden auch wieder Totempfähle hergestellt, während man die schönsten alten, original erhaltenen im benachbarten Kitwancool bewundern kann. Manchem Besucher geht es heute vielleicht nicht anders als den ersten Siedlern, die die Totempfähle der Ureinwohner irrtümlich für Marterpfähle hielten. Tatsächlich dienten die kunstvoll behauenen und geschnitzten Pfosten jedoch immer nur als Prestigesymbole oder Wappen einer Familie oder hielten als eine Art Denkmal die Erinnerung an einen Verstorbenen wach.

Highways in die Einsamkeit. Westlich von Hazelton beginnt in *Kitwanga* der Stewart Cassiar Highway – ein fast 750 Kilometer langes, graues Band, das in die Wildnis des hohen Nordens führt. Einsame Weiten, ein endloser Himmel, das große Abenteuer in einer menschenfeindlichen Natur – alles, was man in alten Reiseberichten gelesen hat, hier wird es Wirklichkeit. Daran haben auch der Tourismus und asphaltierte Straßen nichts geändert, zumal sich der Highway ab Meziadin Junction in eine teilweise tückische Schotterpiste verwandelt. Nur etwa 75 Kilometer sind es von Meziadin Junction nach Hyder in Alaska, einem kleinen Nest, dessen einzige Attraktion – so behaupten Spötter – das Fehlen einer Sperrstunde in den Saloons ist. Wer eine grandiose Landschaft erleben möchte, für den lohnt sich der Abstecher über die Grenze jedoch allemal: Der gut ausgebaute Highway 37a führt durch einsame Wälder direkt an den blau schimmernden Eismassen des Bear Glacier vorbei.

Auf dem Weg Richtung Norden streift der Stewart Cassiar Highway den *Mount Edziza Provincial Park*, wo Vulkanausbrüche in längst vergangenen Zeiten bizarre Lavafelder zurückgelassen haben. Es passiert wenig auf der Fahrt, Fortsetzung Seite 158

Bei einer Fahrt durch die Inside Passage haben die Passagiere die Möglichkeit, eine der landschaftlich schönsten Regionen der Erde zu bewundern: Die Fährschiffe bahnen sich ihren Weg durch enge Kanäle und Buchten, und die Küstenberge mit ihren schroffen Felsen und dunklen Waldhängen bieten ein einzigartiges Panorama.

Dawson City: Kanadas »Goldstück«

Tausende Glücksritter quälten sich 1897 über den Chilkoot Pass nach Dawson City. Viele verprassten ihre »nuggets« im Spiel, in Saloons und im Theater, das wieder originalgetreu aufgebaut wurde.

Es war der 17. August 1896, als George Washington Carmack, »Shookum Jim« Mason und »Tagish Charlie« in den Geröllbänken des Rabbit Creek auf faustgroße »nuggets« stießen, vier »claims« absteckten und diese in Fortymile eintragen ließen. Der Rabbit Creek wurde in »Bonanza Creek« umgetauft, und binnen weniger Monate wuchs in der Nähe eine neue Stadt aus dem Boden: Dawson City. Als die ersten Gerüchte über die Goldfunde laut wurden, hatte Joseph Ladue, ein waschechter Abenteurer, genau den richtigen Riecher: Wo Gold war, würde eine Stadt entstehen, und so ließ er an der Mündung des Klondike in den Yukon River große Landparzellen auf seinen Namen registrieren.

Zwei Jahre später, als Dawson City mehr als 40 000 Einwohner zählte, kassierte er 15 000 Dollar für einen Meter Straßenfront! Den Startschuss für den Wettlauf um das Gold hatten 1897 Zeitungsmeldungen in San Francisco und Seattle gegeben: »Tons of Gold« hätten die Schiffe geladen, die mit den ersten zurückgekehrten Goldgräbern an der Pazifikküste angekommen seien. Zigtausend Glücksritter strömten daraufhin nach Skagway, um sich von hier aus über den Chilkoot Pass zu den Quellwassern des Yukon River und weiter mit dem Boot zum Klondike durchzuschlagen. Trotz klirrender Kälte und unmenschlicher Strapazen erreichten allein im Winter 1897/98 fast 30 000 Abenteurer Dawson City. Über Nacht wuchsen hier Saloons, Tanzlokale, Bordelle und Hotels aus dem morastigen Boden. Doch der Goldrausch sollte nur von kurzer Dauer sein: Bereits 1903 waren die großen Lagerstätten ausgebeutet, und Dawson City verfiel. Erst in den fünfziger Jahren besann man sich auf die Bedeutung der Stadt als nationales Erbe: Über dreißig historische Gebäude wurden liebevoll restauriert, und nun sind es alljährlich Tausende von Touristen, die dem »Lockruf des Goldes« in den hohen Norden folgen. Kein Wunder: Es gibt in Kanada wohl keine zweite Siedlung, die so

Auf den Spuren der Glücksritter

Wanderern bietet der Chilkoot Trail die Gelegenheit, am eigenen Leib nachzuempfinden, welche Strapazen die Goldgräber einst auf ihrem Weg an den Klondike durchzustehen hatten. Drei bis fünf Tage benötigen konditionsstarke, gut ausgerüstete Outdoor-Fans für den legendären Goldgräberpfad, der zweifellos zu den schönsten Trekkingtouren im Nordwesten Kanadas zählt. Der Weg beginnt bei Dyea, 13 Kilometer nordwestlich von Skagway, und führt zunächst durch waldreiches, feuchtes Bergland. Am Tallus Rock beginnen die Schwierigkeiten: Mit bis zu 30 Prozent Steigung geht es auf 1140 Meter Höhe, wo das sonnige Wetter selbst im Sommer schnell in Eis- und Schneestürme umschlagen kann. Der Wegesrand ist übersät mit zurückgelassenen Ausrüstungsgegenständen, alten Schuhen, schweren Öfen und Wagenrädern, die noch heute vom brutalen Überlebenskampf der oft schlecht ausgerüsteten Glücksritter zeugen – heutzutage gibt es immerhin Schutzhütten am Weg. Von Bennett, dem Trail-Ende, geht es per Schiff in das kleine Dorf Carcross, auf dessen Friedhof »Shookum Jim« und »Tagish Charlie«, die »digger«-Pioniere von Dawson City, begraben liegen.

authentisch die Goldrauschzeit vermittelt wie Dawson City: Ein kleines Museum gibt einen Einblick in das Leben der »digger«, und wer selbst auf Goldsuche gehen möchte, kann am Bear Creek im Süden der Stadt nach »nuggets« schürfen. Abends geht's dann in Goldgräber-Manier ins plüschig kitschige »Palace Grand Theatre«, wo im Sommer allabendlich die ausgelassen grelle Show der »Gaslight Follies« auf dem Programm steht. Noch fast so wie vor hundert Jahren sieht das Old Post Office aus, in dem Robert W. Service, der in ganz Kanada populäre Klondike-Barde, seine Gedichte schrieb. Nur wenige Schritte entfernt erlebte sein berühmter Schriftstellerkollege Jack London den Goldrausch mit: In der einstigen Blockhütte des Dichters wird täglich aus seinen Werken vorgelesen.

Nicht nur Touristen hoffen beim »gold panning« in Dawson City auf den großen Fund; noch immer gibt es zahlreiche Goldgräber, die professionell nach dem Edelmetall schürfen. Die Chancen stehen nicht schlecht: Alljährlich werden in den privaten »claims« rund um die Stadt etliche Millionen Dollar verdient.

Abstecher nach Alaska: In der Nähe von Hyder schiebt der Salmon Glacier seine gewaltige Eiszunge kilometerweit ins Tal.

der Weg ist das Ziel. Man kann sich ausmalen, wie isoliert die Gegend ist, wenn der Highway im Winter unpassierbar wird – und versteht den Ursprung des Signpost Forest in Watson Lake. Ein heimwehgeplagter Straßenarbeiter mit »Nord-Lagerkoller«, ein gewisser Carl L. Lindley aus Illinois, brachte hier 1942 einen Wegweiser mit der Entfernungsangabe zu seinem Heimatort Danville an. Seitdem sind Tausende von »Nordland-Exilanten« seinem Beispiel gefolgt und haben ihre Schilder an die Holzpfosten genagelt.
Die Strecke folgt nun dem Alaska Highway, der sich von Watson Lake durch das Grenzgebiet zwischen Yukon und British Columbia westwärts schlängelt. Die einst holprige Piste, die je nach Wetterlage entweder im Staub oder im Schlamm erstickte, ist mittlerweile »zahm« geworden: Fast alle 50 Kilometer gibt es eine Tankstelle, und das Asphaltband bietet genügend Platz, um in Ruhe die Aussicht zu genießen. Spektakuläres gibt es auf dem Weg nach Wildhorse allerdings nicht zu sehen. Für Abwechslung sorgt erst ein Abstecher in den Atlin Provincial Park, eine raue, aber bezaubernde Bergwelt mit Gletschern und alpiner Vegetation.

Gold und harte Männer. Trotz seiner 25 000 Einwohner wirkt *Whitehorse* immer noch vorläufig. Die Provinzhauptstadt des Yukon Territory scheint dazu verdammt zu sein, ewig eine Durchgangsstation zu bleiben – früher für Goldsucher, heute für Touristen. Die »S.S. Klondike« am Yukon-Ufer erinnert noch an die wilden Zeiten des Goldrauschs, als eine ganze Dampferflotte zigtausend Abenteurer vom Chilkoot

In den rauen Wintermonaten werden im Yukon Territory Rekordtemperaturen von minus 60 Grad Celsius gemessen; ein großer Holzvorrat ist daher lebensnotwendig. oben
Eintauchen in die Freiheit des Nordens: auf dem Stewart Cassiar Highway. großes Bild
»Kultstätte« in Watson Lake: der Signpost

Pass nach Whitehorse brachte. Wer den Spuren der Goldgräber folgen möchte, sollte nicht auf dem Alaska Highway (und später auf dem Top of the World Highway), sondern auf dem Klondike Highway nach Dawson City fahren. Etwa sieben Stunden benötigt man für die 460 Kilometer lange Strecke, eine Fahrzeit, die sich all die Glücksritter nicht hätten träumen lassen, die sich 1898 mühsam durch die Stromschnellen des Yukon River zu den Goldfeldern am Klondike durchzuschlagen versuchten.

Nur einen Wimpernschlag der Geschichte lang war *Dawson City* die berühmteste Stadt Kanadas (siehe Seite 154). Das Ende des Goldrauschs nach der Wende vom 19. zum 20. Jahrhundert bescherte dem »Paris des Nordens« einen unsanften Rückfall in einen Dornröschenschlaf, aus dem es nun lediglich in den Sommermonaten erwacht. Dann strömen scharenweise Touristen in die Stadt, um die »goldenen Zeiten« nacherleben. Früher oder später landen die meisten in »Diamond Gertie's Gambling Hall«, Kanadas einziger legaler Spielhölle. Wer an den Blackjack-, Roulette- und Pokertischen vom Pech verfolgt wird, dem bleibt ein schwacher Trost: Die Spielverluste der Touristen fließen allesamt der Restaurierung von Dawson City zu.

Vom Midnight Dome hat man den schönsten Blick auf Dawson City links oben, das in großen Teilen originalgetreu wieder aufgebaut wurde oben. Auf dem Gipfel des Keno Hill östlich von Dawson City. Mitte
Neben dem Yellowhead Highway hinter Prince Rupert haben zahlreiche Touristen ihre Schuhe an einen Baum genagelt. Jahr für Jahr finden sie mehr Nachahmer. unten

Planen und erleben ...

Eine restaurierte Arbeitersiedlung im North Pacific Cannery Museum in Port Edward. oben
Winzige Fischernester schmiegen sich in die Buchten der Inside Passage. Mitte
Der Inner Harbour ist das touristische Zentrum von Victoria. unten

DIE HIGHLIGHTS

Victoria

Fast die Hälfte aller Bewohner von Vancouver Island lebt im Großraum von Victoria, das sich ein Stück »Good Ol' England« bewahrt hat.

Die Wahrzeichen der Stadt liegen am Inner Harbour: das altehrwürdige »Empress Hotel« mit seinen efeuumrankten Türmchen (erbaut 1908) und das neugotische Parliament Building, das rechtzeitig zum diamantenen Thronjubiläum von Queen Victoria 1897 fertig gestellt wurde. Eine Statue der Königin steht vor dem palastartigen Bau, während von der Kuppel George Vancouver wohlgefällig auf das Treiben im Hafen hinunterblickt.

Fast alle Sehenswürdigkeiten liegen in der pittoresken Altstadt, die man leicht zu Fuß erkunden kann.

Gegenüber dem Parlamentsgebäude bietet das Royal British Columbia Museum ausgezeichnete Einblicke in die Geschichte und Kultur von Vancouver Island. Im Thunderbird Park gleich hinter dem Museum steht ein Plankenhaus der Kwakiutl-Indianer, das nach dem bekannten indianischen Maler und Schnitzer Mungo Martin benannt wurde.

Zwei weitere (wenn auch kommerzielle) Attraktionen sind die Pacific Undersea Gardens und das Royal London Wax Museum.

Obwohl Victoria selbst wunderschöne Parks besitzt, zieht es viele Einheimische und Touristen in die Butchart Gardens, 20 Kilometer nördlich der Stadt: Die schönste Gartenanlage Westkanadas, die 1904 angelegt wurde, besteht aus zahlreichen Themengärten, in denen das ganze Jahr über Pflanzen aus aller Welt blühen.

Pacific Rim National Park

In dem fast 400 Quadratkilometer großen Nationalpark an der Westküste von Vancouver Island stehen jahrhundertealte Regenwälder unter Naturschutz. Am Long Beach macht das Wickaninnish Visitor Centre mit allerlei Meeresbewohnern vertraut, die man an dem einsamen Strand beobachten kann.

Die Hauptattraktion des Parks ist der West Coast Trail, ursprünglich als Rettungsweg für gestrandete Seeleute angelegt, der heute zu den anspruchsvollsten Langstreckenwanderungen der Welt zählt: etwa sechs Tage von Bamfield nach Port Renfrew, 77 Kilometer extremes Abenteuer. Es geht durch schier undurchdringlichen Regenwald, über schwankende Hängebrücken, und man benutzt sogar eine Art Materialseilbahn, an der man sich selber über eine Schlucht ziehen muss.

Prince Rupert

Der nach Vancouver zweitgrößte Handelshafen am Pazifik ist für die meisten Touristen das »Sprungbrett in den hohen Norden«. Wer das einzigartige Ökosystem des Coastal Rain Forest erleben möchte, sollte eine Tour rund um das Khutzeymateen Inlet buchen – ein magisches, verwunschenes Regenwaldgebiet, das zugleich als Schutzzone für Grizzlybären dient.

Über die indianische Siedlungsgeschichte im kanadischen Nordwesten kann man sich im Museum of Northern British Columbia informieren. Einen Besuch lohnt auch das North Pacific Cannery Museum

Entfernungen

km	**Victoria**	515
	123 km	
123	**Nanaimo**	392
	157 km	
280	**Campbell River**	235
	235 km	
515	**Port Hardy**	km
	Fähre	
km	**Prince Rupert**	1984
	241 km	
241	**Kitwanga**	1743
	760 km	
1001	**Watson Lake**	983
	453 km	
1454	**Whitehorse**	530
	530 km	
1984	**Dawson City**	km

Orcas vor Vancouver Island

»Wenn du ein guter Mensch gewesen bist, wirst du als Orca wiedergeboren« – so lautet ein altes Sprichwort der Kwakiutl-Indianer. Wer Orcas aus der Nähe beobachten möchte, sollte unbedingt einen Abstecher nach Telegraph Cove an der Ostküste von Vancouver Island einplanen. Bei geführten Whale-Watching-Touren durch die Robson Bight erfährt man alles Wissenswerte über die imposanten Meeressäuger: Die Orcas oder Schwertwale gehören zur Familie der Delphine und leben in Gruppen zwischen fünf und zwanzig Tieren. Die bis zu 10 Meter langen und 8 Tonnen schweren Bullen werden dreißig bis fünfzig Jahre alt; die kleineren Weibchen können sogar achtzig Jahre alt werden. Den Namen Killer- oder Mörderwale gaben Seeleute den Orcas bereits im 18. Jahrhundert. Tatsächlich greifen die Tiere Meeressäuger wie Seelöwen und Robben oder auch schwergewichtige Wale an; Menschen werden sie jedoch nicht gefährlich. Seit 1972 wird das Leben der Orcas im Robson Bight Ecological Reserve genauestens studiert. So weiß man mittlerweile, daß jede Gruppe matriarchalisch organisiert ist und dass Walbullen regelrechte »Ödipussis« sind: Sie bleiben ihr ganzes Leben lang bei der Mutter, verlassen sie nur zur Paarung kurz. Über Unterwassermikrofone können »whale watchers« sogar die »Unterhaltungen« der Orcas verfolgen. Die Tiere verständigen sich mit Hilfe verschiedener Sing- und Pfeiftöne, und jede Gruppe spricht ihren eigenen »Dialekt«.

im Vorort Port Edward, das die Arbeitsverhältnisse in einer Konservenfabrik um die Jahrhundertwende dokumentiert.

'Ksan Indian Village

Die rekonstruierte Siedlung vermittelt ein eindrückliches Bild der bedrohten Kultur der Gitksan-Indianer. In den traditionellen Langhäusern, in denen früher mehrere Familien unter einem Dach lebten, ist neben einem Museum auch eine Schnitzerschule untergebracht.

Dawson City

Im Gegensatz zu anderen kanadischen Goldgräberstädtchen hat sich Dawson City seinen urigen Charakter bewahren können. Hinter den originalgetreu rekonstruierten Fassaden verbergen sich Hotels, Kneipen und Geschäfte, in denen man die Zeit um die Wende vom 19. zum 20. Jahrhundert wieder aufleben lässt.

Als ein Relikt aus glanzvollen Tagen liegt die »S. S. Keno« am Ufer des Yukon River, ein historischer Schaufelraddampfer, der noch bis Ende der 1950er-Jahre zwischen Whitehorse und Dawson City fuhr.

ON THE ROAD

Fährverbindungen

Für die Autofähren der B. C. Ferry Corporation, die in der Hauptsaison stündlich zwischen dem Festland (Tsawwassen, Horseshoe Bay) und Vancouver Island (Victoria, Nanaimo) verkehren, ist keine Reservierung erforderlich. Um sich einen Platz auf dem Fährschiff von Port Hardy nach Prince Rupert zu sichern, sollte man jedoch unbedingt mehrere Monate im Voraus buchen.

Straßenverhältnisse

Sowohl der Stewart Cassiar Highway als auch der Alaska Highway sind teilweise asphaltiert und haben längst ihren Schrecken als »mörderische Pisten« verloren. Besondere Vorsicht ist auf dem Stewart Cassiar Highway jedoch wegen der vielen »logging trucks«, Holzlaster, geboten. Die PS-starken Ungetüme haben grundsätzlich Vorfahrt!

Im Sommer sorgen Baustellen oftmals für unerwartete Behinderungen.

Ein Schwertwal vor Vancouver Island. links oben

Allein mit sich und der Natur. links, Mitte oben

Im Fischereihafen von Prince Rupert gibt es nur fangfrische Ware. links, Mitte unten

Im 'Ksan Indian Village. links unten

Auf der Fähre nach Prince Rupert. oben

Fröhlicher Blumenschmuck in Kispiox, einem Dorf der Gitksan-Indianer bei Hazelton.

Register

CALGAR
STAMPE

BAY ST.

Im Banff National Park stehen schneebekrönte Bergriesen am Highway 1 Spalier.

Impressum

Lektorat: Susanne Kronester, Gabriele Kutscha, Cornelia Schubert, Kathrin Ullerich
Layout: graphitecture book, Rosenheim
Konzeption: Axel Schenck, Bruckmühl
Repro: Artilitho, Trento
Umschlaggestaltung: H3A GmbH, München
Kartografie: Astrid Fischer-Leitl, München
Herstellung: Bettina Schippel
Printed in Slovenia by MKT Print, Ljubljana

Alle Angaben dieses Werkes wurden von den Autoren sorgfältig recherchiert und auf den aktuellen Stand gebracht sowie vom Verlag geprüft. Für die Richtigkeit der Angaben kann jedoch keine Haftung übernommen werden. Für Hinweise und Anregungen sind wir jederzeit dankbar. Bitte richten Sie diese an:

Bruckmann Verlag
Postfach 40 02 09
D-80702 München
E-Mail: lektorat@bruckmann.de

Bildnachweis
Alle Abbildungen stammen von Oliver Bolch, Maria Enzersdorf (Österreich), außer:
Archiv für Kunst und Geschichte, Berlin: 14 lo, 121 ro, 121 ru
Archiv Verlag C.J. Bucher: 14 lm, 14 lu, 102 (alle), 103 ro
Nicola Förg, Mering: 20 lm, 108 lm
Freie Film Kritik, Köln: 15 m, 16 lm
Dieter Kreutzkamp, Bad Münder: 130, 150, 15 u, 103 ru
Achim Kostrzewa, Zülpich: 22 m, 22 u, 141 ro
Harald Lange, Bad Lausick: 16 lu, 20 ru
Hans Peter Merten, Kastel-Staadt: 66 ro
Metro International Caravan, Toronto: 84 (alle), 85 (alle)
Sammy Minkoff, Schondorf: 14 ru, 43, 44 m
Axel M. Mosler, Dortmund: 1, 19 o, 19 u, 23 rm, 93 u, 111 m, 114, 115
Ontario Tourism, Ottawa: 20 lo, 20 lu, 66 lu
Provincial Archives of Alberta: 13 u
Klaus Thiele, Warburg: 66 lo, 66 lm, 66-67 u, 67 ru
Wolfgang R. Weber, Darmstadt: 18 lm, 18 lu, 18 ru
Yukon Archives: 13 m, 154 lo, 154 lm, 154 lu
(l = links, r = rechts, m = Mitte, o = oben, u = unten)

Textnachweis
Nicola Förg: Einleitung und Routen 4, 5, 6, 7, 8
Andreas Srenk: Routen 1, 2, 3 und Special »Weine aus Kanada«

Oliver Bolch dankt folgenden Firmen für die freundliche Unterstützung:
Air Canada, Österreich
ByWays Car Rentals, Halifax (NS)
Jack Wolfskin, Ausrüstung für Draußen
Photobörse, Wien
Chinook Charters Whale Watching, Tofino (BC)
Trout River Boat Cruise, Gros Morne National Park (NFLD)
Deh Cho First Nations (NWT)

Die Deutsche Nationalibliothek – CIP-Einheitsaufnahme
Ein Titeldatensatz für diese Publikation ist bei der Deutschen Nationalbibliothek erhältlich.

(Neuausgabe des Titels »Traumstraßen Kanada«, erschienen im Südwest Verlag GmbH 1999, ISBN 3-517-01918-6)

ISBN 978-3-7654-4217-9